나는 누워서
생각하기로
했다

나는 누워서
생각하기로
했다

현명하고 지적인
인생을 위한 20가지 조언

도야마 시게히코 지음 · 장은주 옮김

Intellectual Lifestyle

포레스트북스

지적 생활 습관이 삶을 바꾼다

근대 사회는 지식을 중심으로 움직여 왔다. 근대 경험론을 이끈 철학자 프랜시스 베이컨은 "아는 것이 힘"이라는 명언으로 그 흐름을 예고했다. 지식을 존중하는 사상 덕분에 근대 교육이 부흥했으나, 학교는 지식을 전하는 데만 급급하여 일상생활의 중요성을 잊었다. 학생의 생활은 아랑곳하지 않고 지식으로 학력學力만 쌓으면 그만이란 태도로 일관할 뿐이었다.

학교가 학력과 생활 사이에 벌어진 심각한 격차를 반성하지 않으니, 학교 교육 때문에 폐해를 입은 사람이 나오는 것도 당연하다. 생활과 동떨어진 교육은 초등학교에서 그치지 않고 중고등학교에서도 이어지며 폐해는 더욱 커졌다.

생활을 경시하는 태도가 얼마나 위험한지 인간이 스스로 깨닫지 못하자 결국 자연이 대신 가르쳐 주었다. 즉, 생활습관병(성인병)이 늘어난 것이다. 의학계는 대사증후군의 위험성을 경고하며 생활 습관을 바로잡고 운동할 것을 권하고 있다. 그런데도 사람들은 여전히 생활을 개선할 생각조차 하지 않는다.

"습관은 제2의 천성이다Custom is a second nature"라는 영국 속담은 생활 습관의 힘을 알려 준다. 좋은 생활 습관을 들이면 타고난 사람보다 더 뛰어난 사람이 될 수 있다는 것이다. '사람은 생활 습관으로 다시 태어난다'고 할 만큼 습관이 가져오는 변화는 놀랍다.

그렇다면 왜 사람들은 습관을 쉽게 바꾸지 못하는 것일까? 우리 삶이 식사와 운동이라는 신체적 측면에만 치우쳤기 때문이다. 그러나 인간에게는 몸뿐만 아니라 마음이 있다. 몸의 생활 습관이 피지컬적 생활 습관이라면,

마음의 생활 습관은 메타 피지컬적 생활 습관이다. 이 메타 피지컬의 영역을 '지적 생활 습관'이라 부르고 싶다.

지식과 정보가 넘쳐나는 현대사회를 살아가기에 건강한 생활 습관만으로는 부족하다. 정신적 과부하나 스트레스에 시달릴 수도 있다. 인간은 지적 생활 습관으로 다시 태어날 수 있으며, 좋은 지적 생활 습관은 정신적 활력의 원천이 되어 인생을 풍요롭게 한다. 그런 의미에서 어떤 생활 습관보다도 중요한 의미가 있다.

다만, 생활 습관조차 스스로 제어하지 못하는 사람은 지적 대사증후군을 겪을 위험이 크다. 따라서 지적 생활로 자신을 변화시킬 준비가 필요하다. 지적 생활 습관으로 더 나은 사람이 되고자 하는 새로운 생활 방식 말이다. 일상을 중요하게 여기고 조금씩 개선해 나가며 우리는 타고난 힘을 그 이상으로 발휘할 수 있다.

지금 우리는 컴퓨터의 위협 속에서 살아간다고 해도 과언이 아니다. 지식의 양으로는 컴퓨터를 이기기 어렵겠지만, 좋은 지적 생활 습관을 들인다면 조금도 두려울 게 없다.

이러한 생각에서 출발하여 생활 습관에 관해 써보았다. 생활은 본디 개성적인 것이라 남을 그대로 따라 할 수 없기에 특정한 방법이 좋다고 권할 생각은 없다. 소소한 예로서 참고가 되기를 바랄 뿐이다.

· 차례 ·

머리에 자극을 준다

잊기 위해 일기를 쓴다

(의지보단 허영심으로)

동향의 한 청년이 아무런 기별도 없이 불쑥 찾아왔다. 대학을 나와 적당한 곳에 취업하여 근무한 지 수년이되었다는데, 어쩐지 슬럼프에 빠져 자신감을 잃고 축 처진모양이다. 아직 팔팔한 나이면서 삶의 방식이 어떠니 사고방식이 어떠니 같은 말을 입에 담는다. 순진해서일 것이다. 그래서 한마디 던져 보았다.

"자네, 일기 쓰는가?"

"그게, 실은 쓰지 않아요. 몇 번이나 쓰려고 했는데 항상 도중에 그만두게 되더라고요. 의지가 약해서요." 청년은 멋쩍은 듯 말했다.

"일기를 쓰지 못하는 게 의지가 약해서인지는 모르겠네만, 그렇게 믿으면 정말로 의지가 약해질 수 있어. 그런 식으로 생각하지 않는 게 좋아. 일기를 꾸준히 쓰는 건 누구나 어려워하는 일이니까. 하지만 때론 허영심도 필요한 법이지."

"허영심이라고요?"

"예로부터 일기 쓰기는 엘리트의 습관이었어. 귀족이나 문인 같은 지식인이 일기를 썼지. 일기를 쓰면 그런 지적 생활을 닮아갈 수 있을 거라는 생각도 허영심이겠지만, 그게 나쁜 것만은 아니야. 특히 젊을 때는 허영심이라는 화장化粧이 성장으로 이어지는 일도 많으니 무시하면 안 된다네."

그렇게 이야기한 다음, 나는 내 일기의 역사를 더듬어 보았다.

(매일 끄적인다)

　　문화와는 도통 연이 먼 시골에서 자란 탓에 주위에 일기를 쓰는 사람은 좀처럼 찾아볼 수 없었다. 일기는 여름 방학 숙제에나 쓰는 말이었다. 7월 28일 금요일 맑음. 7월 29일 토요일 흐림. 몇 시에 일어나 무엇을 했는지 며칠이 지나서야 억지로 떠올려 쓸 뿐이라 기억이 가물가물했다.

　　정확하지 않아도 된다며 양심까지 저버리고 거짓말로 어떻게든 빈칸을 메웠다. 다른 애들은 어땠는지 몰라도 나는 이렇게 쓴 일기가 역겨웠다. 담임 역시 그런 일기를 일일이 읽을 만큼 여유도 없거니와 교육에 열성적이지도 않았다. 동그라미 안에 '검檢'이라는 글자 도장을 찍을 뿐 어디에도 읽은 흔적은 없었다. 딱히 하찮게 여기지는 않았지만, 일기 따윈 있어도 그만 없어도 그만이었다.

　　전쟁이 시작되자 군대에 들어갔고, 전쟁에 패한 후 어영부영 대학을 나와 그냥저냥 교사가 되어 무료한 날들을 보냈다. 훌륭한 학교에서 근무했지만 전혀 즐겁지 않았다. 대학 시절 아르바이트로 학생들을 가르쳤던 곳인데,

학생들의 수준은 우수했지만 가르치는 보람은 없었다.

막연히 이대로는 안 되겠다는 불안에 휩싸여 끝내 퇴직을 결심하고 사표를 냈다. 주임이었는지 교장이었는지 "이런 훌륭한 학교를 이렇게 빨리 그만두면 이력에 흠이 난다"라며 히죽거렸다. '속물 영감탱이, 실컷 떠들어대라지' 하며 집으로 돌아와 지금 이 생각을 담아 두고 싶은 마음에 쓰다 만 일기장을 끄집어냈다. 그 일기장에 시답잖은 이야기를 장황하게 끄적였던 것이 내 일기의 시작이다. 70년 가까이 지난 옛 일기장. 그동안 건너뛴 날은 단 하루도 없다.

처음 몇 해 동안은 새해마다 다른 일기장을 샀다. 연말이 되면 매대에 수북이 쌓여 있는 일기장을 하나하나 손에 쥐고 음미하는 것이 한때의 즐거움이었다. 괜찮다고 생각했는데 의외로 별로이거나, 별로라고 생각했는데 의외로 괜찮은 일기장을 찾는 재미도 있었다.

1958년 무렵이었다. 일기장 전문 출판사 하쿠분칸에서 나온 '당용일기 No.2'라는 일기장을 샀는데 왜 'No.2'였는지는 모르겠다. 같은 회사 제품 중 가장 비쌌지만 가장 좋았다. 싸구려 일기장은 싫어했던 기억이 난다.

하쿠분칸은 일기 쓰는 사람의 마음을 꿰뚫고 있다. 매해 새로 나와도 디자인을 바꾸지 않는다. 하드 케이스의 만듦새나 장첩 역시 그대로다. 물론 전년도와 구별은 가능하지만, 중요한 부분에는 변함이 없다. 아무튼 1년 365일 매일 마주해야 하는 일기다. 도중에 흔들려서는 곤란하다. 일기를 쓰는 건 묵묵히 달리는 마라톤과 같아서, 마음의 준비를 든든히 하지 않으면 도중에 나가떨어질 우려가 있다.

일기장의 하드 케이스가 어찌나 튼튼한지, 꽤 험하게 다뤄도 말짱한 것이 고마울 따름이다. 한때는 하루에도 몇 번씩 일기장을 넣었다 뺐다 했지만, 언제부턴가 케이스가 있다는 사실조차 잊어버렸다.

10년, 15년 어치 일기를 늘어놓으니 후광이 비칠 정도로 장관이다. 내 인생의 전집이 여기 있다고 생각하니 감개무량하다. 지금은 50권을 넘어 책장이 넘치는 바람에 일부는 다른 곳으로 옮겼다. 한때나마 일기를 적당히 덜어내려 했던 마음이 싹 가셨다.

(쓸모없는 일기)

몇 월 며칠 무슨 요일, 맑음(혹은 흐림)을 매일 쓰다 보면 가끔 바보 같다는 생각이 든다. 어떤 날이 맑았는지 흐렸는지 정확히 알 리가 없다. 초등학생의 여름방학 일기장에도 날씨 칸이 있어 일기를 몰아서 쓰려는 아이는 발을 동동 굴러야 했다. 지금처럼 날씨를 알려 주는 곳도 없거니와 신문도 받아 보지 않았으니 참고할 거리도 없었다. 대충 써도 야단맞을 일이 없었으니 대부분 엉터리로 쓰지 않았을까.

사회인이 되고서도 일기는 계속 썼는데, 이따금 의문이 일었다. 과거의 날씨 따윈 아주 특별한 경우가 아닌 이상 훗날 별다른 의미를 갖지 않는다. 일기예보는 종종 틀리더라도 아무도 모르는 날씨를 예보하기에 의미가 있다. 그에 반해, 일기에 쓰는 날씨는 전혀 의미가 없다. 아니, 의미가 없지는 않더라도 이용 가치가 없다.

누군가 찾아오거나 누군가로부터 전화가 걸려 오더라도 특별한 일이 없는 한 기록할 필요는 없지 않을까. 누군가와 만나도 대개는 별일이 아니니 나중에 확인할 일도 없다. 전부 써놓고 그냥 내버려둔다. 사회적으로 영향력이 큰 사람이 아닌 이상 일기가 먼 훗날 사료史料로 쓰일 염려는 없다. 더없이 평범한 사람이 언제 어디서 누구와 만나 어떤 이야기를 나눴다는 내용을 써봤자 일기장 여백을 메우는 정도의 효용밖에 없다.

일기장 한 면은 작아서 미주알고주알 다 쓰면 페이지가 넘친다. 그렇다고 요약하면 나중에 본인이 읽어도 무슨 말인지 모르는 문장이 된다. 보통 일기에 쓰는 글씨는 평소보다 훨씬 날림이라 문자 그대로 난필난문亂筆難文(함부로 어지럽게 써서 이해하기 어려운 글)인 경우가 많아서 더 그렇다.

일기는 답례를 받았을 때나 친인척 경조사에 얼마를 냈는지 기억이 확실치 않을 때 꽤 유용하다. 다만 거품경제 시절의 기록은 참고는커녕 오히려 혼란만 부를 게 분명하니 유의해야 한다.

이처럼 일기의 실용적인 가치는 매우 낮다. 그런데도 사람들은 부지런히 일기를 쓴다. 왠지 도덕성을 높이는 힘이 있는 듯한 착각이 들어서일까. 그래서 일본에 일기를 신봉하는 사람이 많은지도 모르겠다.

　　수십 년이나 일기를 쓰고 있으면 쉽사리 그만둘 수도 없다. 병이 나서 일기를 쓰지 못한 날이 있으면 후에 기억을 짜내서라도 빈칸을 채운다. 그렇게 하지 않으면 찝찝하다. "계속하는 것이 힘이다"라고 하지만, 사실 계속 써왔던 일기를 그만두는 것도 힘들다. 금주나 금연의 어려움과 다르지 않다.

　　일기를 써봐야 아무런 도움도 되지 않는다. 어렴풋이 그런 생각이 들어도 부지런히 일기를 쓰는 습관은 바뀌지 않는다. 그리고 역시 그만두지 않는 편이 낫다는 생각에 이른다. 지금까지 이런 과정을 되풀이해 왔다.

　　처음에 이야기한 동향의 청년에게는 일기보다도 매일 일정표를 만들어 보라고 권했다. 지나간 일이 쓸모없다는 말이 아니라 앞으로 어떻게 할지가 명백히 중요해서다. 국회를 봐도 그렇다. 예산 위원회는 텔레비전으로 중계할 정도로 중시하는데, 결산 위원회는 그 존재조차 알지 못하는 사람이 적지 않다. 결산 위원회를 경시하기보다는 사람들 대부분이 예산 위원회 쪽을 더 중시하고 있을 뿐이다.

"일기 쓰기는 하루의 결산과 같다네. 그런데 그에 대응할 예산이 없으면 이상하지 않은가. 물론 결산도 중요하지만 예산 없는 결산은 절차상으로도 문제가 있어."

그렇게 일기를 깎아내리며 매일 일정을 세우라고 권했다. 이 점에 관해서는 나중에 자세히 이야기하겠다.

(문자 때문에 멍청해진다)

인간은 아득한 옛날부터 말을 했지만 문자는 사용한 지 얼마 되지 않았다. 가장 오래된 문자로 거슬러 올라가도 비교적 가까운 시대밖에 이르지 못한다. 그런데 현재는 다시 문자와 연이 없는 생활이 많아진 듯하다.

문자가 문화를 발전시키는 데 지대한 공헌을 한 것은 틀림없지만, 문자의 출현으로 잃은 것도 있다. 그중 하나가 기억력이다. 문자가 없으면 중요한 일을 기록하여 보존할 수가 없다. 모든 것은 머릿속에 각인되어 기억으로 유지되었기에 기억은 지극히 중요하고 유일한 보존 수단이었다. 문자의 사용이 진보함에 따라 기억력은 퇴화했을 것이다. 기억하지 않아도 써두면 안심이라는 생각이 기억력을 약화했다.

명확히 단정 짓기는 어렵지만, 그 시대 인간의 기억력이 대체로 현대인보다는 훨씬 뛰어났을 것이다. 그런데도 당시의 생활 대부분이 기억되지 않아 자취도 없이 사라졌다. 어느 나라든 신화 속 세계의 구체성이 매우 빈약한 것은 그 때문이지 싶다.

문자의 도움을 받을 수 없는 시각장애인은 상상을 초월하는 고충을 겪겠지만, 이를 보완이라도 하듯 기억력이 매우 뛰어난 경우도 있다. 한 예가 일본의 국학자 하나와 호키이치이다. 그는 어려서 실명했지만, 학문에 뜻을 두고 부단한 노력으로 화학和學을 깊이 연구하여 『군서유종群書類從』(고서의 집대성이라 할 수 있는 책으로 일본의 역사학과 국문학에 크게 공헌하였다)을 비롯하여 1,000권이 넘는 어마어마한 양의 책을 집필했다. 믿기지 않을 만큼의 위업이다. 눈이 보였더라면 분명 이루지 못했을 것이다.

(머리에 메모해라)

어느 교수가 아침 출근길에 도로를 걷고 있는데, 맞은편에서 흰 지팡이를 쥔 시각장애인 청년이 다가와 "○○○ 교수님. 안녕하십니까?" 하고 인사를 건넸다. 놀란 교수가 어떻게 알아봤냐고 물었다.

그러자 청년은 "교수님의 수업을 들었습니다. 매주 복도에서 걸어오시는 발소리를 듣고 있었죠"라고 답했고, 교수는 몹시 부끄러웠다고 한다. 청년의 이름을 물었으나 처음 듣는 이름 같았다고 한다. 눈이 보이는 만큼 기억력은 떨어진 것이다.

이번에는 다른 학생의 이야기다. 한 학생이 지방 고등학교를 나와 도쿄에 있는 대학에 입학했다. 동향 선배이자 그 대학에서 교편을 잡은 적이 있는 노학자를 방문하여 공부에 임하는 자세 등 조언을 구했다. 그때 학생이 "어떻게 하면 강의 노트를 잘 쓸 수 있을까요?"라고 물었다.

노학자는 잠시 있다가 말했다. "필기는 안 하는 게 좋아. 가만히 잘 듣고 있으면 된다네."

"그럼 나중에 잊어버려 곤란하지 않을까요?"

"잊으면 잊는 대로 내버려두게나. 필기하지 않을 때 중요한 것이 기억에 잘 남는 법이거든."

그런 말을 들어도 필기하지 않고 강의를 들을 용기는 나지 않았다. 남들만큼 필기를 하다가 대학을 졸업하고, 몇 년 후 독일로 유학을 갔다. 그런데 독일 학생들은 강의 내용을 받아쓸 생각은 하지 않고 가만히 듣고만 있는 게 아닌가. 가끔 수치가 나오면 메모하는 정도였다. 이 학생은 노학자의 말을 떠올리며 감회에 젖었다고 한다.

아무래도 문자와 기억은 궁합이 썩 좋지 않은 듯하다. 문자에 의존하면 기억은 그만큼 약해진다. 메모하지 않아도 중요한 것은 잊지 않는다. 신경 써서 메모해 두면 오히려 잊어버린다. 메모했으니 이제 안심이라는 생각에 신경을 덜 쓰니 잊기 쉬운 것이다.

타의 추종을 불허할 정도로 기억력이 좋은 가수가 있었다. 모두들 스케줄러로 일정을 확인하는데, 그 가수는 메모도 스케줄러도 없이 "모두 머리에 메모하고 있다"라며 기억력을 자랑했다. 실제로 반년이나 1년 후의 스케줄을 정리할 때도 "그날 오후는 일정이 있어요. 다음 날은 종일 한가해요"라고 말해 주위를 놀라게 했다.

　　나이 들어 심신이 쇠약해진 탓인지 어쩌다 일정을 착각하는 바람에 이 가수도 남들처럼 일정을 관리하는 수첩을 사용하게 되었다. 처음에는 편리하다며 기뻐했는데 그만 수첩을 분실해서 한바탕 소동이 일었다.

　　1년 후 일정까지도 꿰고 있던 사람이 수첩에 의지하면서 일주일 후의 일정도 알지 못하게 되자 패닉에 빠진 것이다. 메모해 두니 이제 기억은 불러낼 일이 없을 거라 생각하고 어디 놀러 보내기라도 했던 것일까.

　　반대로 생각해 보면, 잊어버리기 때문에 쓰는 게 좋을 수도 있다는 말이다. 무언가를 잊으면 곤란해지는 세상이다. 잊는 것은 좋지 않다는 믿음 때문에 기록의 망각 효과를 진지하게 생각하는 사람이 없을 뿐이다.

(잊으려면 써라)

처음에도 썼다시피 일기는 흔히 생각하는 만큼 고마운 것이 아니다. 일기를 계속 쓴다는 사실만으로 대단히 훌륭한 일을 하는 양 생각하는 것은 유치하기까지 하다. 장래의 역사 자료로써 도움이 될지도 모른다는 자부심 또한 우스꽝스럽게 우쭐대는 일이다.

일기 따윈 언제든 그만둬도 상관없다. 수십 년이나 부지런히 일기를 써온 주제에, 노인 무리에 들어갈 무렵부터 나는 일기를 조금 업신여기게 되었고 그런 태도를 진보라고 생각했다.

그러다가 쓴 것은 잊기 쉽고 잊으려면 써야 한다는 사실을 깨달았다. 더구나 두뇌 활동이 원활하려면 지식을 밀어 넣는 것은 좋지 않다. 계속 잊고 간추려서 머리를 말끔하게 정리할 필요가 있다. 망각은 머리가 개운해지는 데 아주 큰 작용을 한다는 결론에 이르렀다. 이 두 가지 착상이 이어지면서 그때까지 알지 못했던 일기의 새로운 효용에 눈을 떴다.

우리는 매일 엄청나게 많은 정보와 지식, 말, 자극 등을 받으며 살아간다. 대부분 받자마자 사라지지만 중요한 것은 바로 머리로 간다. 사람에 따라 다르지만, 생각보다 훨씬 많은 것들이 머릿속 창고로 간다.

내버려두면 넘치니 취침 중에 망각을 진행하는 렘REM수면이 수차례 일어난다. 렘수면으로 유용하지 않은 기억을 배출한다. 잡동사니 쓰레기가 머리를 점거해서는 큰일이다. 렘수면은 뇌의 불면 작용으로 머릿속 쓰레기를 배출한다. 덕분에 아침에 일어나면 머리가 개운해진다.

정보화 시대라 일컫는 현대에는 예전과 비교되지 않을 만큼 많은 것들이 머리에 들어온다. 자연의 섭리로 행해지는 렘수면만으로는 쓰레기를 충분히 배출할 수 없어 머릿속에 남아 있을 우려가 있다. 어떻게 하면 현명하게 잊을 수 있을까? 이것이야말로 옛날 사람들은 알 필요가 없었던, 요즘 사람들의 과제다.

잊는 방법은 다양하지만, 문자로 써두면 잊기 쉽다는 점을 잘 이용하도록 하자. 그러고 보면 일기의 효용은 기억하는 데 있는 게 아니라, 오히려 잊어서 머리를 정리하는 데 있다. 생각해 보면 렘수면도 무의식적으로 일기 쓰기에 가까운 일을 하는 셈이다.

일기를 쓰면 많은 것을 없앨 수 있다. 일기장에는 사소한 일까지 쓸 공간도 없거니와 시간도 없다. 그래서 이때 많은 것이 버려진다. 마음 어딘가에서 '이제 안심해도 돼. 써뒀잖아!'라고 속삭이는 목소리가 나와 본인도 모르는 사이에 쓰레기가 배출된다. 일기를 다 썼을 때 일종의 쾌감을 느끼는 것은 머릿속 쓰레기 배출이 끝나 기분이 상쾌해졌기 때문으로 풀이할 수 있다.

이런 식으로 생각하면 일기로 인생이 풍요로워진다는 말도 이해가 간다. 일기를 써서 그날의 일을 잊는다면 활기찬 내일을 맞이할 수 있다. 매일 그래야 한다. 쉬어서는 안 된다. 렘수면에 져서는 안 된다.

필요 없는 것을 잊기 위해 일기는 존재한다.

일정표를 만들면

생활이 달라진다

(생활을 되돌아보기)

　　샐러리맨과 달리 대학교수의 생활은 다소 불규칙하다. 요즘은 대학도 엄격해진 듯하지만 주 2, 3회만 학교에 나간다는 사람도 있다. 그 정도는 아니어도 오전 수업이 없는 날에는 한낮까지 잘 수 있다. 대신 밤늦게까지 책을 읽으며 산뜻한 기분을 즐긴다.

　　젊은 시절에는 밤을 새워 책 읽는 것을 엄청 대단한 일이라 여겼었다. 시간에 매이지 않고 공부하는 것을 품격

있는 생활인 양 착각했다. 독서가 그 정도로 의미 있는 일인지 의심한 적도 없었다. 절반은 유희 같은 느낌으로, 지적 태만이라는 반성도 없는 날들을 보냈다.

그러고 나서 나이 먹은 선배들을 보니 어쩐지 지치고 활력이 없어 보였다. 진보를 멈춘 채 시답잖은 겉치레에 빠진 것 같았다. 예전에는 진취적이고 대쪽 같던 사람이 평범은 고사하고 오히려 시시한 사람이 되어버렸다. 그 모습을 보고 나는 출발이야 대단치 않았어도 저렇게 되고 싶지는 않다는 생각을 종종 하게 되었다. 하지만 어떻게 해야 할지 구체적으로 생각한 적은 없었다.

그 무렵 기쿠치 칸(소설가, 극작가, 저널리스트이자 문예춘추사를 창업한 실업가)이 "제1은 생활, 제2는 예술"이라고 한 말에 자극을 받았다. 그때까지 나는 학문과 일을 최우선이라 생각하고 있었다. 생활이 두 번째라고도 생각하지 않았다. 오로지 학문만이 바른길이라 믿었고, 학문에 모든 것을 걸 수 없음을 알면서도 그것을 명분으로 삼았다. 생활을 생각하는 것은 속된 일이라 여겼다.

나는 언젠가부터 기쿠치 칸을 존경하게 되었다. 메

이지 시대 이후 최고의 지성을 갖춘 몇 안 되는 인물 중 한 사람이라 믿어 의심치 않았다. 그 기쿠치 칸이 '제1은 생활, 제2는 예술'이라고 단언한 것이다.

곧장 나의 생활을 되돌아보고는 공허한 나날을 보내고 있었음에 새삼 놀랐다. 그러나 생활을 어떻게 건설해 나갈지는 생각하지 않았다. 구체적으로는 아무것도 하지 않은 채 '제1은 생활'을 머리로 받아들였을 뿐이다.

(일정은 아침에 세워라)

그러다가 미국의 한 경영 컨설턴트 이야기를 접했다. 신문인지 잡지인지 잊어버렸지만, 내용은 지금도 또렷이 기억에 남아 잊히지 않는다.

그 컨설턴트는 지방에서 작은 공장을 경영하는 한 젊은이에게 다음과 같이 조언했다.

‒ 그날 해야 할 일을 생각나는 대로 쓰세요.

‒ 중요도에 따라 순위를 매기세요.

‒ 그 순위에 따라 일을 처리하세요.

‒ 이렇게 3년 동안 계속해 보세요. 성과가 없으면 컨설팅
   비용을 받지 않겠습니다.

젊은이는 이 조언을 충실하게 수행하여 실적을 올렸고, 3년째 되는 해에 컨설턴트 앞으로 고액의 수표를 보냈다고 한다. 이 젊은이는 훗날 미국 제일의 철강회사 US스틸의 사장이 되었다. 기사를 읽고 나는 즉시 따라 해보기로 했다. 일정을 세운다고 해도 구체적인 방식은 기사에 없으니 스스로 머리를 짜낼 수밖에 없었다.

일단 문제는 '언제 일정을 세울 것인가'였다. 일기는 매일 써왔기에 일기 쓸 때 다음 날 일정도 세울 참이었지만, 마음처럼 되지 않았다. 일기와 일정은 궁합이 좋지 않았다. 밤에 피로한 머리로 일기를 쓰고, 소극적으로 변한 머리로 내일 일정을 세우려고 하니 의욕이 생기지 않았다.

그래서 일정은 아침에 일어나자마자 세우기로 했다.

일어난 직후라도 눈뜨고 자리에서 일어나기까지 길게는 한 시간 넘게 공상 혹은 망상을 하니까 머리는 제법 움직일 채비가 되어 있다. 일정을 세우는 것은 그날의 가장 중요한 일이다. 엽서보다 약간 작은 종이에 일정표를 만든다.

10월 5일(일) 일정
○ 05:00 눈뜸
○ 06:00 기상
○ 07:20 아침 식사
○ 08:00~08:25 NHK '작은 여행' 시청
○ 산책
○ 성묘
○ 예불
○ 편의점·슈퍼 쇼핑
★ 10:00 원고 '예정' 집필
○ 13:30 점심 식사
○ 낮잠
★ 원고 '늦잠' 집필
○ 도서관 조사
○ 산책
○ 저녁 식사
○ 편지·엽서 쓰기
○ 일기 쓰기
○ 21:30 취침

(할 일이 많다)

아침에는 활력이 가득해서 의욕이 지나치기 쉽다. 무모한 일정을 짜기 십상이다. 그렇게 되면 당연히 처리하지 못하는 일이 생겨 흥미가 떨어진다. 가능한 한 자제한다. 한 일에는 'V'표시를 하고 못 한 일에는 'X'표시를 한다. 누가 볼 일은 없지만, 'X'가 붙는 게 싫어서 열심히 하는 경우도 적지 않다.

대개는 시간순이지만 가끔 순서를 바꿔 넣기도 한다. 하나를 끝내면 'V'표시를 하고 다음으로 나아간다. 마지막 항목에 'V'표시를 하고 잠자리에 든다. 오늘 하루를 무사히 보냈다는 만족감은 나쁘지 않다. 그와 반대로 몸살기로 곯아떨어지는 바람에 일정표를 만들지 못하기도 한다. 그렇게 할 일 없이 신문만 구석구석 읽는 무료한 날은 암담하기 이를 데 없다.

이런 일정표를 언제부터 만들었는지는 기억나지 않는다. 아무려면 어떤가. 여러 말 할 것 없이, 할 일이 있으니 좋다. 기분 탓인지 몰라도 일기만 쓰던 무렵과 비교하여 눈에 띄게 할 일이 많아졌다.

　　특히 일정표 덕분에 일찍 자고 일찍 일어나는 습관을 들일 수 있었다. 되도록 10시 전에는 잠자리에 들고자 했다. 텔레비전을 덜 보게 된 것도 일정표 덕분이다. NHK의 기행 프로그램 '작은 여행'만은 빠트리지 않고 보지만, 그 외에는 저녁 7시 뉴스를 보는 정도다. 텔레비전과 친해지면 아무것도 할 수 없다.

　　신문도 두 가지를 읽고 있지만 아무 할 일이 없는 시간에만 들춰 본다. 헤드라인 위주로 읽는다. 시력이 떨어져 돋보기 없이는 작은 활자를 읽기 어렵기 때문이다. 돋보기를 끼고 읽기에 요즘 신문은 페이지가 너무 많다.

　　그래도 가끔 재미있는 기사를 만나면 흥분한다. 전날도 '통풍의 요산 수치를 낮추려고 약을 먹는 것은 현명하지 않다', '물을 하루 2리터 이상 마시면 요산 수치가 내려간다'는 기사에 눈이 번쩍 뜨였다. 요산이 유해한 활성산소를 없애는 데 좋은 작용을 한다는 사실이 흥미로웠다.

(월간 일정표를 만든다)

일정 관리라 하면 주로 직장인들이 스케줄러를 사용하는 경우가 많다. 나 또한 이전부터 쭉 쓰고 있지만, 지면이 작아서 모임 일시나 약속 정도만 써넣는다.

개인 일정 정도야 그날 하루에 한하면 상세하게 쓸 수 있다. 하지만 일간 일정만으로는 충분하지 않아 주간 일정표를 만든 적이 있는데 생각보다 잘 써지지 않았다. 그래서 월간 일정표를 만들게 되었다. 일간 일정표를 만든 것보다 훨씬 나중의 일이지만 그래도 쓴 지 20년 정도는 된다. 월간 일정표는 A4 용지를 세로로 놓고 왼쪽에는 모임 등의 일정을 쓰고 오른쪽에는 원고 관련 일정을 써넣는다. 이 일정표는 필요 없어져도 버리지 않는다. 달에 따라 다른 색 용지를 사용하여 구별하기도 쉽다. 오른쪽 아래 빈칸에는 다음 달 스케줄을 쓴다.

이 일정표를 매일 보면 멍하니 있어서는 안 된다며 자신을 채찍질할 수 있다. 아무 일정도 없는 날이 이어지면 따분해진다. 더 바빠졌으면 하는 생각이 든다.

20XX년 10월			
1			
2	산악회	P사 원고 마감	
3	S사 산악회		
4			
5			
6	G사 방문	T사 원고 검토	
7	NHK 방송		
8		C잡지 연재 마감	
9			
10	하이쿠 모임 파티		
11			
12		Y신문 원고 마감	
13			
14	U와 만남		
15			
16			
17	녹색회 모임		
18			
19			
20		N사 원고 마감	
21			
22	몽주르 모임	S사 원고 마감	
23			
24			
25	정기 담화 모임		
26			
27			
28		W잡지 원고 마감	
29		11월 10일	교토 모임
30		11월 14일	C사 저녁
31		11월 20일	녹색회 모임

잊을수록 좋다

(망각도 도움이 된다)

망각은 좋지 않다는 이미지가 강해서인지, 뭐든 잊어서는 안 된다며 항상 초조해하는 사람이 많다. 나이를 먹으면 자꾸 깜빡하고 잊는 일이 많다 보니 그런 생각이 들 법도 하다.

하지만 곤란한 망각에 비해 아주 고마운 망각도 있다. 잊음으로써 사고가 유연해져 새로운 생각을 할 수 있게 하는 망각이다. 현대사회에는 망각을 두려워하는 경향이 있어 도움이 되는 망각이 있다는 사실을 잘 알지 못한다.

콜레스테롤은 몸에 좋은 것과 나쁜 것으로 나뉜다. 망각도 좋은 망각과 나쁜 망각이 존재한다. 지금의 교육이 둘을 잘 구분하지 못하는 바람에, 뜻하지 않게 머리 나쁜 사람을 양성하고 있다. 그런데도 현대의 지식인들이 의심조차 하지 않는 게 조금 아이러니하다. 나는 뒤늦게나마 망각하는 힘을 기르는 것이 시급하다고 느끼고 지금껏 수차례 망각의 효용에 관해 써왔다.

다만 지금까지는 모든 망각은 좋은 것이라 생각했는데, 이 부분은 옳지 않았음을 반성하고 있다. 그래서 망각을 두 가지로 구분하여 나쁜 망각은 억제하고 좋은 망각은 늘리려면 어떻게 해야 할까 하는 생각에 이르렀다. 나쁜 망각은 두뇌 활동이 쇠퇴한 결과지만 좋은 망각은 두뇌 활동을 활발하게 한다.

모든 망각을 두려워하고 싫어하는 것은 잘못된 태도다. 좋은 망각을 인정하지 않는 것 또한 편견이다. 망각으로 머리는 좋아지기도 하고, 힘을 잃게 되기도 한다.

(잘 기억하고 잘 잊자)

옛날 초등학교에서는 "잘 배우고 잘 놀자"라는 교훈을 내건 곳이 적지 않았다. 어릴 적에는 이 말이 참으로 신기했다. "잘 배우자"는 이해가 간다. 공부하기 싫어하는 아이들에게 이 말은 훈계로서 의미가 있다. 그런데 "잘 놀자"라는 말은 이해하기 어려웠다. 집에서도 매일같이 "놀기만 하지 말고 일이나 도와라" 혹은 "공부 좀 해라" 같은 말은 들어도 "잘 놀아라"라는 말은 들은 적이 없었다.

왜 굳이 "놀자"라고 하는 것일까. 그 말을 의아하게 생각한 아이들은 별종이었다. 평범한 아이들은 이유도 모른 채 받아들였다. "왜 잘 놀라고 하나요?"라고 물어도 교사들은 대부분 궁색한 답변밖에 내지 못했다. 별생각 없이 교훈으로 삼은 것이다. 확실치는 않지만 한 가지 짚이는 데가 있기는 하다. 영국 속담을 번역한 게 아닐까 싶다.

"All work and no play makes Jack a dull boy."
공부만 하고 놀지 않으면 우둔한 사람이 된다.

한때 영국에서 널리 알려졌던 속담이다. 이 속담을 똑같이 따라 하기는 민망하니까 "잘 배우고 잘 놀자"라고 의역한 게 아닐까. 만일 그렇다면 아주 걸출한 번역으로, 필요 이상으로 잘했다는 생각이 든다.

　　실제로 공부만 하고 전혀 놀지 않는 아이는 그리 많지 않다. 다들 적당히 숨을 돌린다. 게임은 공부가 아니지만, 종일 게임에만 빠져 있으면 '게임 뇌'가 된다는 학설이 인정받고 있다. 게임은 놀이지만 게임만 하고 다른 것을 하지 않으면 우둔해진다.

　　공부든 놀이든 다른 것을 하지 않고 그것 하나만 하면 지적 능력이 떨어진다는 점에 주목해야 한다. "잘 배우고 잘 놀자"는 건강한 교훈이다. 이 말을 "잘 기억하고 잘 잊자"로 바꿔 말하면 현대인들에게 필요한 말이 된다.

（ 지식 소화하기 ）

　　공부는 지식을 머리로 받아들이는 것이다. 머리에

들어온 지식을 잃지 않게끔 하는 것은 기억의 힘이다. 기억이 지식을 늘려가는 것은 몸이 음식을 섭취하는 것과 비슷하다. 계속해서 음식을 먹으면 배가 불러 더 이상 먹고 싶지 않게 된다.

몸은 음식을 위나 장에서 소화한다. 먹은 것을 그대로 체내에 담아 두면 금방 배가 꽉 차버린다. 소화는 음식에서 필요한 영양소만 취하고 나머지는 배설한다. 소화와 배설 작용이 원활하지 않으면 소화불량, 변비, 장폐색이 생겨 생명이 위태로워진다. 음식 섭취의 중요성은 말할 필요도 없지만, 소화와 배설 역시 섭취와 같은 정도로 중요하다는 사실을 몸은 알고 있다.

기억이 지식을 흡수하는 과정은 음식을 먹는 것과 닮았다. 불필요하거나 소화할 수 없는 것까지도 받아들였을 때 소화불량, 장폐색을 일으키지 않게 하려면 반드시 소화 작용이 필요하다. 망각은 이 소화 작용에 해당한다.

모든 지식을 자꾸 머릿속에 집어넣기만 하고 소화를 대충 해서는 안 된다. 지식을 적당히 흡수하여 소화하고 나머지는 버리는 망각 작용은 기억만큼이나 중요하다.

만일 망각이 충분하지 않다면 식욕부진 정도가 아니라 아주 위험한 증상이 나타날 것이다. 망각을 소홀히 해서는 안 된다.

이따금 실생활에서 중요한 일을 깜빡하는 바람에 난감한 상황에 처할 때가 있다. 어릴 때부터 잊으면 안 된다고 배우다 보니 어느샌가 망각 공포증에 빠진다. 이런 망각은 나쁜 망각이고 머릿속에서 소화를 진행하는 망각은 좋은 망각이다. 이 둘을 구분한 다음 좋은 망각을 늘리는 것이 두뇌 활동을 발달시키는 유일한 방법이 아닐까.

(머릿속을 청소하자)

좋은 망각은 인간의 정신 활동에 큰 힘이 된다. 망각 작용이 약한 사람은 지적 능력이 떨어질 수밖에 없다.

지금은 정보화 사회다. 옛날 사람보다 훨씬 많은 데이터와 지식, 정보, 자극에 노출되어 있는 만큼 망각 작용도 더 활발해져야 한다. 옛날에 비해 정신적 불안을 호소하는 사람이 많아진 것도 망각 작용이 제대로 이뤄지지 않아서가 아닐까. 이 중요한 기능을 인간의 의지에만 맡겨둬서는 안 된다. 망각을 게을리해서는 안 된다.

자연의 섭리는 그런 위험을 피하게끔 되어 있다. 애써 잊으려 하지 않아도 저절로 잊게 된다. 우리는 밤에 자는 동안 몇 번이나 렘수면 상태에 빠진다. 이때 불필요하다고 생각되는 메모를 자동으로 잊는다. 그때까지 머리에 들어온 어마어마한 양의 데이터를 분류해 불필요한 것들을 폐기한다. 머릿속 쓰레기 배출이다. 우리는 아무런 수고도 하지 않고 매일 머릿속 쓰레기를 청소하고 있다.

아침에 일어났을 때 머리가 개운하다고 느끼는 것은 머릿속 청소가 끝나 있기 때문이다. 두뇌 활동이 밤에 비해 활발한 것은 당연하지만, 렘수면이 제대로 이뤄지지 않은 날의 아침은 의욕이 나지 않는다.

평온한 일상을 보내서 각별하게 신경 쓸 일이나 새로운 지식을 잔뜩 받아들일 일이 없다면, 렘수면만으로도 충분히 망각할 수 있다. 하지만 복잡하고 사소한 정보가 많은 생활이라면, 당연히 렘수면의 망각만으로는 다 처리하기 힘든 쓰레기가 머릿속에 남는다.

자고 일어나도 개운치 않고 무엇을 할 기력도 의욕도 없는 날이 이어지면, 신경증에 걸린다. 신경증으로 고민하는 사람이 적지 않지만, 좋은 망각이 부족하다는 것을 깨닫는 사람은 지극히 적다.

(잊는 게 더 어렵다)

렘수면 중의 망각은 자연 현상이지만 정보 과잉 생활에서는 인위적으로 늘릴 필요가 있다. 좋은 망각을 인정하지 않는 사람은 "공부만 하고 놀지 않으면 우둔한 사람이 된다"라는 속담의 현대판 모델이 되기 쉽다.

잊으면 안 된다는 생각만 하고 있으면, 놀랍게도 막상 잊으려고 할 때 잊히지 않는다. 기억만 중요하다고 생각하는 사람들은 잊을 필요가 있다고 생각조차 하지 못하고 세상을 뜨겠지만, 잊는 게 기억하기보다도 어렵다.

어떻게든 잊고 싶은 일이 있으면 사람들은 곤드레

만드레 취해 인사불성이 된다. 술에서 깼을 때 왜 여기에 있는지조차 모를 정도라면 웬만한 것은 다 잊었다고 볼 수 있다. 이른바 고전적인 망각법이지만 건강상 문제가 될 수 있으니 너무 자주 해서는 안 된다. 하지만 가끔은 이런 손쉬운 방법도 괜찮지 않을까.

땀을 흘리는 것도 좋은 방법이다. 땀을 흘리면 나쁜 기억을 씻어낼 수 있어 기분이 상쾌해진다. 운동선수 중에 호탕한 성격의 사람이 많은 것도 이 때문이다. 운동선수가 신경증에 걸릴 확률은 공부만 하는 사람에 비해 훨씬 낮다. 더구나 운동으로 머리를 깨끗하게 하면 공부도 잘 되어 두 마리 토끼를 다 잡을 수 있다.

입욕도 땀을 흘리는 것과 비슷한 효과가 있다. 목욕할 때 두뇌 활동이 활발한 것은 머릿속이 깨끗해진 덕분 아닐까. 입욕 중에 부력의 원리를 떠올리고 "유레카!"라고 외치며 뛰쳐나갔다는 아르키메데스가 그 좋은 예다.

회의도 조금 길어진다 싶으면 도중에 휴식 시간을 갖는다. 차를 홀짝이거나 담배를 피우면 머릿속에 쌓인 갑갑한 응어리가 거짓말처럼 사라져 기분 전환이 된다. 반짝 아이디어가 떠오를 수도 있다. 옛날 장인들은 차를 마시며 잠깐씩 쉬었다. 그 짧은 휴식으로 기분이 새로워지고 의욕이 솟는다니 가히 생활의 지혜라 할 만하다. 요즘은 건강상의 이유로 흡연이 눈엣가시가 되었지만, 담배 한 개비로 머리가 개운해지고 원기가 나는 것은 부정할 수 없다. 담배도 술도 좋은 망각을 촉진하는 효과가 있다.

음식을 먹는 것은 차를 마시는 것과 달리 두뇌 활동에 방해가 된다. 음식이 들어오면 혈액이 위장 쪽으로 돌아 머리가 허술해진다. 식후에 긴장이 필요한 일을 하는 것은 바람직하지 않다. 옛말에 "부모님이 돌아가셔도 식후 휴식"이라는 말이 있을 정도다.

옛날 중국인은 뭔가를 생각하기에 적합한 곳을 '삼상三上'이라고 불렀다. 이것도 망각과 연관 지어 생각할 수 있다. 삼상이란 침상枕牀, 측상厠上, 마상馬上이다. 즉 잠자리, 화장실, 이동 중을 뜻한다. 삼상 상태에서는 다른 일을 쉽게 잊고 눈앞의 일에 집중할 수 있다. 마상은 요즘으로 치면 통근 전철에 있는 상태다. 모든 것에서 해방되어 자유로운 시간인데, 만화만 읽으며 보내기는 아깝지 않은가.

(발명하려면 공부하지 마라)

　　일전에 잡지에서 카시오계산기 명예회장 카시오 토시오 씨의 부고 기사를 읽었다. 짧지만 훌륭한 전기가 쓰여 있었는데, 그에 따르면 토시오 씨는 "모방하지 않는다"가 입버릇이었다고 한다. 이렇게 단언할 수 있는 사람이 얼마나 될까? 거의 없다고 본다. 대부분의 사람들은 남을 따라 하는 카피캣copycat에 불과하다. 하지만 토시오 씨는 예외다. 또한 토시오 씨는 "생각하는 것과 공부하는 것은 다르다. 공부는 발명에 장애가 된다"라고 강조했다. 학자나 연구자 중에 이토록 확고하게 지식과 사고가 별개임을 주장할 수 있는 사람이 몇이나 될까. 박학다식한 지식인들에게 이토록 귀에 박히는 말이 또 있을까.

　　뭔가를 생각하는데 쓸데없는 기억은 방해만 될 뿐이다. 지식과 사고는 사이가 좋지 않다. 지식이 늘면 늘수록 사고할 필요가 적어져 생각을 덜 하게 된다. 필요야말로 사고의 어머니다. 지식으로 충분하다면 생각할 거리가 없어져 어느샌가 사고가 불가능해진다.

논문을 쓰는 사람에게서도 지식과 사고의 상반성을 볼 수 있다. 열심히 공부하여 지식을 많이 쌓으면 아무래도 그 지식을 이용, 차용, 도용한 논문을 쓰기 쉽다. 그에 반해, 별로 공부하지 않은 사람은 남의 지식을 빌릴 수 없어 자기만의 독창적인 논문을 완성한다. 물론 말도 안 되는 작문 수준의 논문도 적지 않지만, 지식이 부족한 만큼 발상이 자유로워 개성적이고 독창성이 빛나는 논문이 탄생한다. 열심히 공부한 사람이 그렇지 않은 사람에 미치지 못한다니 신기할 따름이다.

지식은 필요하다. 무지가 낫다는 뜻이 아니라 지식이 자유로운 사고를 방해한다면 그야말로 문제라는 것이다. 어떻게 하면 지식이 지닌 독을 없앨 수 있을까.

그 질문의 답은 지식을 얻고 나서 곧바로 사용하지 않는 것이다. 시간을 두고 변하길 기다린다. 좋은 망각을 통해 지식을 해체하고 정화한다. 시간의 힘이 더해지면 지식은 변화하고 발전한다. 정확성이 떨어질지 모르지만 생산성을 획득할 수 있다. 이렇게 발전한 지식은 사고와 대립하지 않는다.

지식은 귀중하다. 하지만 날 것 그대로는 사고를 막을 우려가 있다. 사고에 도움이 되는 지식은 좋은 망각을 거쳐야 한다. 생각하는 것과 공부하는 것은 별개지만, 지식을 전혀 고려하지 않는 사고는 존재하지 않는다.

집이 싫으면 도서관에 가자

(집에서 탈출하자)

    도서관 3층에 열람실이 있다. 소박한 생김새의 커다란 테이블이 5개 있는데, 한 테이블에 의자가 8개씩 둘러져 있다. 오전에는 사람이 적다. 정년 퇴임한 듯한 남자가 어려워 보이는 책을 펼쳐 놓고 있다. 그 모습이 왠지 애처로워 괜스레 슬퍼진다. 역시 집에 있을 수 없었던 것일까. 나 역시 비슷한 처지라 이러쿵저러쿵 남 이야기를 할 형편은 못 된다.

학교를 그만두면서 연구실을 사용할 수 없게 되었다. 집에도 제대로 된 서재가 있지만, 영 차분해지지 않는다. 주방 소리는 들리지 않는데 코가 예민해 음식 냄새가 난다. 나는 도서관으로 탈출한다. 집에서 도보로 5분 정도 걸리는 구립 도서관이다. 오전 10시쯤 가서 12시가 지나면 집으로 돌아와 점심을 먹고, 다시 돌아가 2시부터 저녁까지 책상에 앉아서 보낸다.

책은 웬만해선 읽지 않고 오로지 쓰기만 한다. 주위에 사람이 있다는 사실조차 잊을 만큼 능률이 오른다.

'도서관은 참으로 좋은 곳이구나!' 이따금 천장을 바라보며 소리 없이 혼잣말을 중얼거린다.

(도서관과 사귀기)

도서관과 사귄 지는 꽤 오래되었다. 초등학교 고학년 무렵, 내가 살았던 아이치 현 니시오 시의 우리 집에서 도보 10분 거리에 도서관이 있어 자주 놀러 다녔다. 주위에서도 모두 도서관이라 불렀지만, 정식 명칭은 '이와세문고'이다. 이곳에 유명한 희귀본 장서가 있다는 사실을 초등학생이 알 턱이 없었다. 주위 어른들 역시 알지 못했을 것이다.

초등학생들은 도서관에 가더라도 안으로 들어가는 일이 없었다. 주변이 공원처럼 꾸며져 있고 원숭이와 칠면조가 있어 아이들이 놀러 왔다. 손주와 놀아 주는 노인도 있었다. 연못 건너편에는 서원 같은 건물이 있었는데, 흰 커튼이 드리워져 있어 안을 들여다볼 수가 없었다. 어쩌다 커튼이 젖혀 있으면 안에 있는 사람이 보였는데, 기모노 차림의 서생 분위기가 나는 사람이 뭔가를 적고 있었다. 나중에 생각하니 사본을 만들고 있었던 것 같다. 복사기가 있는 지금으로서는 상상도 할 수 없는 일이다.

그 후 십수 년이 지나, 친하게 지내는 일문과 친구에게 우리 집이 이와세문고 가까이에 있었다고 말하니 호들갑스럽게 놀라며 한번 가보고 싶다고 했다. 그래서 함께 가기로 했다.

이와세문고를 만든 메이지 시대 실업가 이와세 야

스케가 책을 좋아하여 연말이 되면 혼자서 현찰을 들고 간다진보초(도쿄의 고서점 거리)에 나타나 고서를 사러 다녔다는 이야기가 남아 있다. 이렇게 모은 장서를 시에 기증해 이와세문고가 되었다. 하지만 나는 결국 이와세문고 안에 한 번도 들어가 보지 않고 도쿄의 학생이 되었다. 누가 알려 줬는지 모르겠지만, 구단시타역의 오바시도서관이라는 아담한 도서관에 자주 가서 책을 빌렸다. 나의 첫 도서관이었다.

학교 도서관은 왠지 관공서 같아 마음에 들지 않았지만 책은 엄청나게 빌려 읽었다. 개인별 책상마다 조명이 달린 훌륭한 열람실이 있었는데, 오히려 그것이 도서관에 익숙해지지 않는 이유이기도 했다.

도쿄대 문리과 학생이 되고서는 전쟁 중 끊임없는 근로 동원으로 중노동을 해야 했지만, 근로도 수업도 없으면 도리어 배움을 향한 열의가 불타올랐다.

영문과에는 대학 도서관과는 별도로 수천 권에 달하는 전문서가 줄지어 있는 도서관이 있었다. 여기에 캠브리지학파라 일컫는 학자들의 최신 문학 연구서가 갖춰져 있었다. 문학 개론, 비평 이론 등에서는 당시 일본에서 이곳보다 뛰어난 장서를 구비하고 있는 곳은 없었을 것이다. 우리가 학생이던 무렵, 이미 세상을 떠난 야마지 다로라는 조교가 캠브리지학파의 저명한 비평가 윌리엄 엠프슨의 우수한 일본인 제자였기 때문이다. 이곳에서 문학 이론, 비평 관련 책을 손에 잡히는 대로 읽었다. 내가 그 후로 한 모든 일의 원천은 여기에 있다.

일본이 전쟁에 지자 미국이 찾아왔다. CIE도서관(연합군 사령부 산하 민간정보교육이 일본 각지에 설치한 도서관)이 생겼는데, 일본인은 책을 함부로 다뤘는지 확인해야 한다며 출구에서 가방 안을 조사했다. 불쾌해져 두세 번 가고는 말았다. 그렇게 나와 도서관의 연이 끊겼다. 그 후 50년 남짓 도서관을 가까이하지 않았다. 책을 빌려 읽는 게 나와 맞지 않아서다.

아무리 성가셔도 외국에서 책을 주문해서 보는 재미가 쏠쏠했다. 당시 환율로 1달러에 360엔, 1파운드에 1,080엔이었지만, 수입업자는 1달러에 500엔, 1파운드에 1,500엔으로 계산해 팔았다. 수년이 지나자, 호구가 된 듯한 기분에 외국 책 사기가 꺼려져 학교 도서관을 이용했다. 대학에서 퇴직하기까지 나에게 도서관은 책을 빌리는 곳이었다. 독서를 하거나 일하는 곳이기도 하다는 사실을 알게 된 것은 연구실을 잃고 나서다.

(쉬는 시간은 꼭 가져라)

예전에는 책상에 앉으면 1시간이든 2시간이든 자리를 뜨지 않고 책을 읽거나 일을 하는 데 자신이 있었지만, 어느 순간 그러지 않기로 했다.

이코노미클래스 증후군(심부정맥 혈전증)이 생명을 단축한다는 이야기를 들었기 때문이다. 같은 자세로 장시간 앉아 있으면 아주 좋지 않다고 한다. 대체 왜일까. 조금씩 얻어들은 지식으로는, 앉아 있으면 다리와 심장 사이가 멀어지면서 혈행이 나빠져 혈전이 생기기 쉽다고 한다. 그 혈전이 점점 위로 올라와 매우 나쁜 영향을 미친다는 것이다. 그 후 병원에서도 장시간 같은 자세로 일하면 안 된다는 말을 들었다. 어딘가가 충혈된다고 했다.

　　도서관에 계속 앉아 있어도 마찬가지다. 이코노미 클래스 증후군이 될 염려는 없지만 피로하다. 몸이 휴식을 원하고 있다는 의미다. 학교 수업 시간표를 떠올려 보자. 수업은 매시간 중간에 쉬는 시간이 있다. 계속 수업만 하지 않는다. 몇 해 전, 도쿄의 한 도립 고교가 오전에 연이어 한 과목을, 오후에도 같은 과목을 가르치기로 하여 화제를 불렀다. 역시 실패했는지 바로 그만뒀다. 오랫동안 같은 자세를 취하는 건 확실히 좋지 않다.

　　그래서 도서관에서 일하는 방식을 바꿔 보았다. 한 시간 일하면 자리에서 일어선다. 화장실에 갔다가 밖으로 향한다. 근처 공원 벤치에 앉아 하늘을 바라본다. 목이 마르면 자판기에서 코코아를 뽑아 마신다.

　　날씨가 나쁘면 1층 잡지 열람실로 가서 신간 잡지를 뒤적인다. 읽고 싶은 잡지는 대개 다른 사람이 읽고 있다. 책 라벨이 떨어진 걸 보니 책을 함부로 다루는 매너 없는 사람이 있는 모양이다. 하는 수 없이 미국의 《타임》지를 본다. 이 잡지는 보는 사람이 적은지 항상 제자리에 있다.

길어야 20분, 대개는 15분 정도 보내고 3층 자리로 돌아온다. 휴식 전에 생각했던 일의 흐름을 잃어 잠시 당황하기도 한다. 글을 쓰는 도중에 쉬는 건 좋지 않은 듯하여 한창 글이 써질 때는 몇 시간이고 상관없이 계속 쓰는 게 현명하다는 판단을 내렸다. 책을 읽을 때는 중간에 쉬는 편이 낫다.

(글 쓸 때는 도서관으로)

글을 쓰기에는 도서관이 안성맞춤이다. 집에 있으면 전화벨이 울린다. 받아 보면 지붕을 고치라느니, 묘지를 사라느니, 혹은 오피스텔로 절세를 하라는 둥 변변한 전화라곤 없다. 매번 전화를 받으러 갈 수도 없어 무선 전화기를 서재 책상 위에 놓았다. 그랬더니 귀가 찢어질 듯한 소리를 내는 바람에 심장이 쿵쾅거릴 지경이다. 집에서는 안 되겠다 싶어 도서관으로 향한다. 성가신 것이 없다. 요전에 근처 중학생들이 와 잡담을 하길래 주의를 줬더니 그 후론 보이지 않는다.

　　10분만 있으면 주위에 사람이 있다는 사실도 잊은 채 일에 몰두할 수 있다. 그렇게 도서관에서 써낸 책이 얼마나 되는지 나도 모르겠다. 글을 쓰다 모르는 게 있을 때 열 걸음만 걸으면 서가다. 특히 사전류가 잘 갖춰져 있다. 나에게 도서관은 책을 빌리고 읽는 곳이 아니라, 주로 집필을 하는 서재 대용으로 역할을 다하고 있다.

　　들기로는 런던의 대영박물관에 있는 영국 제일의 도서관 역시 글 쓰는 사람이 많이 이용하고 있는 듯하다. 『자본론』을 쓴 카를 마르크스도 이 도서관에서 원고를 집필했다고 한다. 우리 동네 구립도서관에는 판자 한 장에 다리를 붙였을 뿐인 작은 테이블밖에 없지만, 그래도 도서관이다. 원고를 쓰지 못할 이유는 없다.

　　언젠가 한 모임에서 프랑스 문학자 나카무라 유미코 씨와 만났다. 나카무라 구사타오 시인의 영애다. 퇴직하고 지금은 명예교수로 지내는 오랜 지인이다. 오랜만에 만난 그녀는 먼저 "저 도서관에 다니고 있어요. 도서관 참 좋죠"라고 신이 나서 말했다.

"도서관에는 지적으로 긴장된 공기가 가득해서, 그 영향을 받으면 기분이 상쾌해져요⋯⋯."

우리는 도서관 이야기로 꽃을 피웠다.

사전은 평생 읽어라

(사전 씹어 먹기)

"우리는 이렇게 평생 사전을 펼치며 살아갈 수밖에 없단 말인가!"

강의실에서 옆자리 친구 시미즈 미쓰히코가 중얼거리듯 말을 걸어왔다. 70년이 지난 지금도 그 목소리가 또렷하게 기억난다.

우리는 전쟁 직전 도쿄고등사범학교(일본 제국에서 사범 학교·중학교·고등 여학교의 교원을 양성하던 학교) 영어과에 들어갔다. 시미즈가 이 말을 했을 때, 이미 전쟁이 시작된지라 '평생'이라는 말이 이상하게 들렸다. 그 전에 전쟁에서 죽을 수도 있다는 두려움이 컸기 때문이다. 영어과는 사람이 좋은 건지 둔한 건지 모를 별종들의 집합소였다. 그들과 제법 즐겁게 영어 공부를 했다.

교수의 수업이나 교재보다는 사전에서 가장 많이 배웠다. 사전의 고마움이야말로 다른 데 비할 바가 없다고 한때 생각한 적이 있었다.

사전을 처음 접한 것은 중학교에 들어가고 나서다. 신입생은 학교가 지정한 사전을 사야 했다. 일본어 사전과 한화漢和 사전이 따로따로 있다는 게 중학생 머리로는 도무지 납득이 가지 않았다. 어째서 사전이 두 종류나 필요한지 설명해 주는 교사도 없었다. 두 사전 다 베개로도 사용할 수 있을 만큼 큼지막해서 중학생의 허영심을 부추겼다. 『대자전大字典』은 지금도 가끔 꺼내 본다.

영어 사전으로 지정된 것은 영어학자 오카구라 요시자부로가 편찬한 『나의 영어 사전』이었다. 잘 만든 중학생용 사전이었다. 나는 이 사전을 쉬는 시간에 자주 읽었는데, 예문에 모두 번역문이 붙어 있어 공부하기에 좋았다. 3학년이 되고 나서야 마지막 페이지까지 다 읽을 수 있었지만, 단어를 암기하고는 그 페이지를 찢어서 먹었다는 전설이 떠올라 왠지 뿌듯했다. 동급생 중에는 그렇게 하는 녀석이 없었다. 나는 어느샌가 영어를 잘하게 되었다.

(사전의 신)

고등사범학교 학생이 되고 나서 옥스퍼드 사전을 알게 되었다. 선생 중에 와타나베 한지로라는 사전의 신이 있었는데, 사전에 굉장히 엄격했다. 수업 중 지명받고 오독한 학생에게는 "어디서 그런 뜻을 찾았는가?"라고 물었다. "콘사이스(휴대용 사전 또는 소형 사전)에서 찾았습니다"라고 답하는 학생에게 "그건 사전이 아니야. 자전字典이지. 사전을 펼쳐"라고 했다.

와타나베 선생이 말한 '사전'은 옥스퍼드 사전으로, 크기가 큰 사전부터 줄임말로 O·E·D(『옥스퍼드 잉글리시 딕셔너리』), 그보다 작은 두 권짜리 사전이 S·O·D(『숏 옥스퍼드 딕셔너리』), 그 아래가 C·O·D(『콘사이스 옥스퍼드 딕셔너리』), 더 작은 것이 P·O·D(『포켓 옥스퍼드 딕셔너리』)였다. 더 작은 L·O·D(『리틀 옥스퍼드 딕셔너리』)가 있었지만 선생은 상대하지 않았고, 일본의 영화英和 콘사이스의 원조인 C·O·D도 싫어했다.

학생들 사이에서는 와타나베 선생이 매일 아침 4시에 일어나 아침 식사 전까지 13권짜리 O·E·D을 정독한다는 소문이 자자했다. 학생에게는 P·O·D 사용을 권장하면서 번역하는 학생이 의미를 잘못 파악하기라도 하면 "어디에 그렇게 쓰여 있나?"라고 물었다. 학생이 "P·O·D입니다"라고 답하면, 와타나베 선생은 "아마 잘못 봤을 거다. 하지만 P·O·D를 펼쳤다니 기특하다"라고 말하며 웃었다.

학생들은 대부분 P·O·D 신봉자가 되었다. 전쟁 중이라 영국에서 책이 일절 들어오지 않았다. 간다진보초의 헌책방을 찾아다니다가 눈에 띄기라도 하면 덩실대며 사 모았다. 중학교 때 『나의 영어사전』을 통독한 나는 아주 자연스럽게 P·O·D를 친구로 삼았다. 되는 대로 읽는 것이 아니라 펼친 페이지를 천천히 읽었다.

일본어 사전이 '북北'이란 단어를 "방향의 하나, 남南의 반대"로 설명하는 데 반해, P·O·D의 NORTH(북)를 보면 "춘추분 날 일몰에 면하여 적도상에 선 사람이 오른손이 가르치는 방향"과 같이 설명되어 있다.

보통 사전 계통에서 대사전, 중사전, 소사전이라고 하면 대사전을 축소해서 중사전, 이를 압축해서 소사전이 되지만 옥스퍼드 계통의 사전군은 그렇지 않다. 대사전은 소사전과 겹치지 않는다. O·E·D는 포괄적인 대사전이지만, 증손에 해당하는 P·O·D에는 O·E·D에 없는 것이 쓰여 있다. 이런 사실을 알고 있던 일본인은 와타나베 선생 정도였을 것이다.

우리도 선생의 영향을 받아 P·O·D를 O·E·D 이상으로 존경했다. 나는 시간이 날 때면 P·O·D를 읽는다고 할까, 바라보았다. 그러다가 'NUMERAL'(수사)이라는 다른 옥스퍼드 계열의 사전에서 볼 수 없는 항목을 발견했다. 자주 나오는 말이 아니라서 차분히 읽는 사람이 없었던 것 같다. 나는 두 쪽에 걸쳐 있는 내용을 몇 번이나 읽다가 오류라고 생각되는 수식을 발견했다. x parts=(x-1)/x라고 쓰여 있다. 이대로라면 3 parts는 3분의 2가 된다. 하지만 3 parts는 4분의 3이다. 즉 x parts=x/(x+1)이어야만 한다.

내가 편집하고 있던 잡지 《영어청년》에 이에 대한 칼럼에 썼다. 그러자 영어 사전 제작의 대가라 일컫는 사람이 반론을 투고해 왔다. 그것을 잡지 지면에 소개하면서 O·E·D(옥스퍼드대학 출판국)에 편지를 써서 오류가 아닌가 하고 물었다. 바로 "당신이 말한 대로 사전이 틀렸다. 다음 개정에서 고치겠다"라는 답변이 왔다. 변명하지 않고 깨끗하게 과오를 인정하는 모습이 시원시원했다.

(사전에게 물어보자)

지금껏 일본에는 제대로 된 사전이 없다고 생각했다. 일본인은 성질이 급하여 공이 많이 드는 일을 하지 못해 O·E·D 같은 사전이 나올 수 없으며, 학생을 대상으로 한 실용 사전도 자전의 영역을 벗어나지 못하고, 작은 사전조차 영국보다 수준이 떨어진다고 악담을 하곤 했다.

그런데『신명해국어사전新明解國語辭典』을 보고 드디어 읽을 만한 사전이 등장했다고 생각했다. 그리고『일본국어대사전日本國語大辭典』이 나왔다. 분량으로는 O·E·D에 손색이 없지만 비견하기는 어렵다.

그래도『일본국어대사전』이 생겨 고맙다. 집에는 없어서 봐야 할 일이 있으면 도서관까지 간다.『신명해국어사전』은 책상에 두고 매일같이 신세를 졌다. 종종 활용하고 싶지만 시력이 떨어져 돋보기를 사용해도 사전의 작은 글씨를 읽기가 힘들다.

가족끼리 대화를 하다가도 말이 문제가 되면 바로『신명해국어사전』을 펼친다. 그래도 도저히 모를 때는『다이지린大辭林』(일본의 산세이도가 발행한 중형 일본어 사전. 중형 국어사전으로서는 고지엔과 쌍벽을 이룬다)을 본다. 일반적으로는『고지엔廣辭苑』(이와나미서점이 발행한 중형 일본어 사전) 쪽이 인기가 높지만, 나는 몇 해 전부터『다이지린』을 신뢰하며 애용하고 있다.

'라누키고토바ら抜き言葉'(일본어 동사의 가능형 'ら'를 생략한 말. 파격적인 문법으로 현대 일본어 혼란의 상징처럼 지적되기도 한다)의 경

우 신문 기사만으로는 무슨 말인지 알 수 없어 『다이지린』
을 펼치고 명쾌한 설명을 얻었다.

　　어제 있었던 일이다. 지인으로부터 '즌다모치ずんだ餅'
라는 것을 받았다. 집사람이 무슨 뜻이냐고 했다. 도후쿠
지방의 방언이라고 말했지만 못 미더워하는 눈치였다. 자,
이쯤에서 『다이지린』에 물어보기로 했다.

　　즌다ずんだ【콩】풋콩을 쩌서 으깬 것. 무침 양념으로도 사용
된다. 도후쿠 지방에서 부르는 이름.

메모가 쌓이면 인생이 된다

(메모광이 되다)

나는 시골에서 자라서 세련됨과는 거리가 멀었다. 중학교 때 교장 선생이 꽤 유명한 시인이었지만, 학생들은 그게 얼마나 대단한 건지 짐작도 하지 못했다. 교장 선생은 수업 중에 하이쿠(5·7·5의 3구 17음으로 이뤄진 일본의 단형시) 이야기를 하며, 재미난 발견을 하거나 생각이 떠오르면 산책하다가도 멈춰 서서 메모를 한다고 했다. 산책이라는 말도 그 무렵 시골 중학생에게는 일상적이지 않았기에 메모는 더욱 고급스러운 느낌이었다. 물론 메모를 어떻게 하는지도 몰랐다.

실제로 메모하는 사람을 본 것은 졸업 후 처음으로 부임한 학교에서였다. 새로 부임하자마자 담임을 맡았다. 한 학년에 다섯 반이 있었는데 그중 한 반을 맡은 것이다. 학년 주임인 체육 교사가 시도 때도 없이 담임 회의를 여는 바람에 질릴 대로 질려 있었다. 회의하는 동안 학년 주임은 작은 수첩에 자꾸만 뭔가를 썼다. 회의 내용 같았는데, 처음에는 내가 하는 말도 그렇게 받아쓰고 있다고 생각하니 조심스럽기도 하고 기분도 나빴다.

그것도 점점 익숙해지자 저렇게 쓰는 데 신경이 곤두서 있으면 중요한 일이 머리에 제대로 들어올까 하는 의문이 들었다. 물론 갓 부임한 교사가 그런 말을 입에 올릴 수는 없었다. 저 선생은 기억력이 나빠 써두지 않으면 안 되는 모양이라고 생각하기도 했다. 체육 교사라서 그렇게 생각했나 싶다.

아무튼 이 메모광을 따라 하고 싶다는 생각은 털끝만큼도 없었다. 그런데 10년이 지나자 내가 메모광이 되어 있는 게 아닌가. 사람 일이란 참으로 모를 일이다.

영국인 메모광을 알게 된 것이 계기였다. T·E·흄 (1833~1917)이라는 천재적인 문예평론가이자 사상가를 알게 되고부터는 '영어로 읽어도 이렇게 재미있을 수 있구나' 하고 감탄했다. 그때까지 십수 년 동안 열심히 영문학 작품과 비평을 읽었지만, 한 번도 마음이 움직인 적은 없었다. 그런데 흄을 만나면서 완전히 달라졌다. 감탄을 거듭하며 『휴머니즘과 예술철학에 관한 성찰』(2002, 현대미학사)에 심취했다.

흄은 케임브리지대학에서 퇴학당하고 철학자 베르그송의 소개로 몇 년 후 같은 대학에 복학했으나 다시 퇴학당한다. 그 후 전쟁에서 젊은 나이로 파란만장한 짧은 생을 마감했다. 당시 그의 나이 34세였다.

어디서 읽었는지는 기억나지 않지만, 흄이 메모를 무척 좋아했다고 한다. 살롱에서 한창 담론을 나누다가도 무슨 생각이 나면 메모하는 것이 흄의 습관이었다. 흄은 평소에도 엽서 크기의 종이를 주머니에 몇 장씩 넣고 다니면서 뭔가 떠오르는 즉시 메모했다. 다른 사람이 한 말을 메모하는 게 아니라 자기 머리에 번뜩이는 아이디어를 써뒀기 때문에 메모광이라 부르는 것은 어폐가 있다. 흄의 사후, 허버트 리드(1893~1968, 시인, 문학평론가)가 흄이 남긴 유고를 편집하여 출간했는데 그 책이 바로 앞서 말한 『휴머니즘과 예술철학에 관한 성찰』이다. 이 책에는 분명 흄이 메모해 두었던 아이디어가 반영되어 있을 것이다.

(116권의 메모 노트)

흄의 이야기를 알고서는 도저히 가만히 있을 수가 없어 재빨리 메모를 시작했다. 엽서 크기 종이는 흩어질 우려가 있어 수첩을 사용하기로 했다. 물론 날짜 같은 것은 무시하고 계속해서 메모한다. 하나를 메모하면 줄을 긋고 다음 메모를 한다. 이렇게 하면 한 페이지에 15개 내지 20개 항목이 들어간다.

학교에서 수업을 하다가도 불쑥 재미있는 생각이 떠오르면 수첩을 꺼내 적던 시기도 있었다. 그러다가 남

앞에서 메모하는 것은 좋지 않다는 생각에 혼자가 되기를 기다리기로 했다. 그런데 이렇게 하니 대부분 잊어버려 도무지 생각이 나질 않았다. 역시 흄이 하던 방식이 좋다고 생각하지만, 모두 앞에서 메모하는 사람은 그야말로 메모광이다. 메모광은 역시 꼴불견이다. 그래서 설령 놓치는 것이 있더라도 혼자가 되기를 기다린다는 방침을 세우고 현재에 이르렀다.

더 활발히 메모하던 무렵에는 하루에 수십 개씩 써넣어 한 해 1만 건을 넘기기도 했다. 메모에 일일이 번호를 달면서 점점 숫자가 늘어나는 것을 보는 즐거움도 만만치 않았다. 아무리 아껴 써도 한 해 8~9권은 너끈히 넘겼다.

십수 년이나 신나게 메모해 놓고는, 무턱대고 메모만 하는 것은 어리석다는 생각이 들었다. 그도 그럴 것이, 쓴 것을 다시 읽은 적이 없다. 한때 과감하게 복습해 보려 했지만, 연필로 휘갈겨 써놓으니 내가 썼는데도 도통 알아볼 수 없는 글씨가 곳곳에 있었다. 읽기 힘들어 포기하고 말았다.

그래도 중요한 메모를 추려서 만능노트로 옮겨 두

는 일은 계속했다. 만능노트 두 개를 준비하여 하나는 큰 문제에 관해 쓰고, 다른 하나에는 작은 문제와 당면한 일을 옮겨 썼다. 오랫동안 써온 터라 어느새 분량이 늘어 큰 테마 노트가 43권, 작은 테마 노트가 73권째다. 각각 메모에 번호가 붙어 있는데 전자는 4,400번을 넘고 후자는 이 글을 쓰는 시점에 15,363번이 되었다.

오래된 메모 수첩은 먼지를 뒤집어쓰고 서재 한구석에 잠들어 있지만, 이 만능노트 세트는 책장 두 번째 칸에 한자리를 차지하고 있다. 그것을 바라보며 '참 멀리도 왔구나!' 하고 감회에 젖곤 한다. 내 생각 대부분이 116권 안에 담겨 있다고 생각하니 어쩐지 뿌듯하다. 나는 역시나 메모광이다.

생활을 편집한다

(아이디어는 아침에 나온다)

한창때는 24시간, 깨어 있는 동안 언제든 메모할 태세를 갖추고 있었다. 그런데 나이를 먹어가면서 왠지 그것이 유치한 유희 같아 한심스러워졌다. 아무리 그래도 하루에 100개씩 150개씩 아이디어가 나오는 것은 정상이 아니다. 불면 꺼지는 물거품 같은 것을 아이디어라고 쓰는 게 우스꽝스럽다고 반성했다.

또 한 가지, 아이디어는 아침 시간에만 내기로 했다.

그때까지는 항상 뭔가 재미있는 아이디어는 없을까 눈을 부릅뜨고 있었는데, 지나친 욕심이었다. 길모퉁이에서 메모하다가 경찰과 눈이 마주쳐, 교통사고라도 났더라면 어쩔 뻔했냐고 한 소리 들은 적도 있다.

무언가 생각하기 좋을 때는 아침에 눈을 뜨고 난 직후이다. 푹 잔 다음 날 아침은 기분이 상쾌한데, 머릿속 모습은 알 길이 없으나 전날 밤 잠자기 전보다는 분명 깨끗해져 있지 않을까. 그래서 하루 중 아침이 아이디어를 내기에 가장 적합한 시간이라고 판단했다. 본디 밤에는 뭔가를 생각하려 했던 적이 없지만, 종일 아이디어를 구하고 있는 모양새가 조금 부자연스럽게 느껴졌다.

그런 연유로 10여 년 전부터 '아침형 사고'를 하게 되었다. 깨어나서 멍하니 뭔가를 생각하고 있으면 저절로 사고의 단편이 춤추기 시작한다. 잠시 내버려두면 예전에 골똘히 생각했던 것들이 불쑥불쑥 튀어나온다. 까맣게 잊고 있던 것이 다시 나타나면 기분이 좋아진다. 그러다 보면 새로운 아이디어가 떠오른다.

딱히 대단한 것은 없다. 며칠 전 아침에 감정의 내

연화內燃化에 대해 생각했다. "임금님 귀는 당나귀 귀"라는 속담도 있듯이 하고 싶은 말을 입 밖에 내지 못하고 가슴에 품어 두면 스트레스가 된다. 자칫하다가는 궤양성 질환의 방아쇠가 되기 쉽다. 속으로 끙끙 앓지 말고 꾸준히 발산하는 편이 건강에 좋다. 입 밖에 꺼내고 싶은 기분을 억누르면 생리적으로도 해롭다. 하지만 억압된 감정을 잘 활용하면 새로운 것을 만들어 내는 에너지로 전환할 수 있지 않을까.

감정을 그 자리에서 발산하지 않고 가슴에 꾹꾹 눌러 둔다. 가슴 속 내압이 오르면 다른 목적을 찾아 발산한다. 그러면 큰 힘을 발휘할 수 있다. 휘발유를 대기 중에 연소시키면 그저 탈 뿐이지만, 실린더 안에서 연소시키면 엔진을 움직이는 마력을 내는 것과 똑 닮았다. 발산에도 억압된 감정이 따르는 것이 보통이다.

그렇게 생각하면 희로애락을 적나라하게 드러내는 것은 현명하지 못한 처사다. 휘발유를 그냥 태우기만 하는 것처럼 대단할 게 없다. 꾹 누르고 참으면 에너지가 내연화하여 폭발적인 힘을 발휘한다.

거기까지 생각하고 머리맡 이면지에 '감정의 내연화'라고 메모한다. 나중에 일어나 작은 테마 만능노트에 대략적인 내용을 옮긴다. 이런 메모가 늘어나는 것 또한 즐거움이 아니겠는가.

(나의 논문 출간기)

학교를 나와 그럭저럭 교사가 된 것은 다행이었지만, 종일 수업을 하고 돌아가면 왠지 우울했다. 학문에 뜻을 두고 공부해 왔던 터라, 서툰 수업밖에 할 수 없다는 자괴감에 비참했다. 완벽하지는 않더라도 어떻게든 논문을 발표하고 싶다는 생각이 간절했다. 그런 주제에 무엇을 써야 할지 전혀 감도 잡지 못하고 있었다.

똑똑한 친구들은 이미 논문을 활자화하고 있었다. 그렇다고 더 초조해지지는 않았지만, 아무튼 초조했다. 외국 책에서 빌려 온 지식을 적당히 버무려 논문을 쓰는 사람도 있었으나 나는 그런 흉내는 내고 싶지 않았다. 내 머리로 생각하고 내가 책임질 수 있는 것을 쓰고 싶었다.

하지만 세상은 그렇게 호락호락하지 않았다. 앞길이 불투명한 젊은이에게 기회를 줄 리 만무했다. 혼자서 고민을 거듭하다가 끝내 자기혐오에 빠져들었다. 발표할 기회는 있는데 쓸 수 없다는 현실이 애석하지만 어쩔 수 없었다.

그 무렵 동창생 아마노 료가 베스트셀러 출판사에서 편집 일을 하고 있다가 급작스레 그만두고 고향의 전답을 팔아 마련한 돈으로 '다루미쇼보'라는 출판사를 창업했다. 아마노는 같은 영문과 출신 젊은이 열댓 명과 의기투합하여 상업성과는 거리가 먼 《신영문학풍경》을 창간했다.

처음 기획 단계부터 상담에 응했던 터라 가능하다면 이곳에서 논문을 발표했으면 싶었다. 아마노는 편집자, 출판인이라는 입장을 떠나 친구로서 격려해 주었다. 가슴을 졸이며 처음으로 50장짜리 논문을 시험 삼아 써봤다. 몇 해 전부터 생각해 왔던 테마인 '수사적 잔상'에 관한 논문이었다.

그런데 몇 년 후 다루미쇼보는 도산했다. 운이 나쁘

다고 생각하던 차에 미스즈쇼보 출판사의 오비 도시토 씨로부터 전화가 왔다. 세이코샤라는 인쇄소에 와 있는데 담보로 잡혀 있던 지형紙型(판 인쇄에서 연판을 뜨기 위하여 식자판 위에 축축한 종이를 올려놓고 눌러서 그 종이 위에 활자의 자국이 나타나게 한 것)을 찾다가 「수사적 잔상」을 발견하고는 바로 출간하고 싶은 마음이 생겼다는 것이다.

기뻤다. 더 이상 볕을 볼 일이 없으리라 생각했던 논문을 재간하려는 곳이 있을 줄은 꿈에도 생각지 못했었다. 「수사적 잔상」을 출간할 수 있다면, 역시 다루미쇼보에서 잠자고 있는 「근대독자론」도 출간할 수 있지 않을까. 쭈뼛쭈뼛 말을 건네자 "좋습니다. 둘 다 냅시다"라고 말하는 게 아닌가. 어찌나 고맙던지.

나중에야 오비 씨가 마루야마 마사오 같은 유력 사상가들과 각별한 친분이 있음을 알고는 조금 놀랐다. 나는 그들과 인연이 없다고 할까, 오히려 반대 사상을 가진 지적 풍토에 있었기 때문이다. 원래라면 오비 씨는 나 같은 사람에게 눈을 돌려서는 안 되었다.

그런 사실을 알았는지 몰랐는지 오비 씨는 나에게

우호적이었다. 그 후 『에디터십』, 『이본론異本論』 등 얼추 세어만 봐도 15권 정도가 미스즈쇼보에서 나왔다.

(베스트셀러 작가가 되어 버렸다)

지금까지 신세를 진 편집자 중에 가장 살갑게 대해 줬던 사람은 주오고론신샤의 출판부장으로 있던 와다 히사시 씨다. 미스즈쇼보에서 책은 나왔지만, 일의 방향이 확실하게 정해져 있지 않을 때에 와다 씨가 나타났다.

계기는 철학자이자 서양고전학자인 다나카 미치타로 선생이다. 다나카 선생은 『세계의 사상』 시리즈의 주간 감수 중 한 사람이었다. 그 시리즈는 매회, 월보(다달이 발행하는 인쇄물) 같은 소책자가 딸려 있었다. 그중 하나인 '그리스 철학'의 이야기 상대로 다나카 선생이 나를 지목한 것이다. 와다 씨도 놀란 눈치였다. 영문학을 조금 알고 있을 뿐인 사람 보고 그리스 철학의 대가를 상대하라니 가당키나 한 일인가. 선생은 그걸 알고 일부러 나를 지목했다.

교토로 가서 호텔에 짐을 풀고 와다 씨와 우리 부부가 다나카 선생과 함께 식사를 하게 되었다. 아내는 대학에서 다나카 선생에게 프랑스어를 배웠던 몇 안 되는 학생 중 하나였다. 다나카 선생은 그 인연으로 나를 기억하고 있었던 것이다.

마루야마공원에서 밤 벚꽃을 즐기다가 선생과 헤어지고 호텔로 돌아와, 와다 씨와 함께 술을 마시며 담소를 나눴다. 와다 씨는 참으로 능숙하게 나를 격려해 주었다. 어떻게든 일은 해야 한다, 뭐든 좋으니 쓰라고 했다. 나는 기분이 좋아졌다. 이 사람이 도와준다면 새롭게 일을 시작할 수 있을 것만 같았다. 그리고 1년 후에 『일본어의 논리』가 나왔다. 다나카 선생이 기뻐해 주셨다는 소식을 전해 들었다. 온전히 와다 씨 덕분이었다. 하지만 와다 씨는 그 후 갑작스레 세상을 뜨고 말았다.

『일본어의 논리』가 나오고 얼마 안 있어 고단샤 출판사의 아마노 게이코 씨와 만났다. 그는 당시 내가 근무하고 있던 오차노미즈여자대학의 영문과 출신이었다. 아마노 씨는 『일본어의 논리』가 얼마나 발행되었는지, 또 얼마나 팔렸는지를 물었다. 그런 데에는 관심이 없던 나는 정확하게 말하지 못하고 짐작으로 "2만 부 정도"라고 말했다. 그러자 그녀는 해맑은 표정으로 "우리라면 10만 부는 팔 수 있어요"라고 말했다. 그 말이 전혀 불쾌하지 않게 들렸던 까닭은 그녀의 호의 덕분일 것이다.

그러고 나서 얼마나 지났을까, 기억은 여느 때처럼 가물가물하지만 아마노 씨가 창간 PR지 《책》의 편집장이 되었다. 그녀가 찾아와 글을 연재해 달라고 했다. 처음 있는 일이라 무척 기뻤다.

연재한 글이 『지적 창조의 힌트』라는 책으로 나오게 되자, 예전에 10만 부는 팔 수 있다고 했던 말이 떠올랐던 모양인지 아마노 씨가 이렇게 말했다.

"내기하지 않겠어요? 이 책이 10만 부 이상 팔리면 내가 이기는 거고, 그 이하면 선생이 이기는 겁니다. 진 쪽이 한턱내는 걸로 합시다"라고 말했다. 이 『지적 창조의 힌트』는 최종적으로 37만 부 정도 팔렸는데, 내기한 시점에 이미 가볍게 10만 부를 넘어 내가 경사스러운 패배를 인정하고 아마노 씨에게 한턱을 냈다.

그 후 5년 정도 지나서 출간한 『생각의 도약』(2025, 페이지2북스)은 『지적 창조의 힌트』의 개정판이다. 처음에는 조금씩 팔리다 출간된 지 20년이 지나 별안간 잘 팔리기 시작했다.

(나 홀로 편집자)

나는 잡지 편집자가 '되었다'기보다는 '떠맡았다'는 쪽이 맞을 듯싶다. 어쨌거나 줄곧 500년도 더 된 옛날 영어를 핥듯이 읽고 있던 사람이다. 그런데 교정 방법도 변변히 알지 못하면서 뭐든 혼자서 처리해야 하는 '나 홀로 편집자'가 되어 있었다. 내가 일을 시작한 이후 점점 판매 실적이 나빠졌다. 살고 싶은 마음이 가실 만큼 아무한테도 말하지 못하고 혼자 끙끙 앓으며 괴로워했다. 그럴 때 따뜻하게 위로해 준 사람이 잡지의 주간 후쿠하라 린타로 선생이었다. 린타로 선생은 대학과 대학원 은사이기도 하지만 잡지 편집을 하면서 새롭게 다양한 가르침을 주셨다.

그 후쿠하라 선생이 가끔씩 기야스 선생 이야기를 했다. 분명 대단한 분일 거라 생각하고 구게누마의 자택까지 반나절이나 걸려 찾아갔다. 기야스 신타로 선생은 당시 내가 편집을 맡고 있던 《영어청년》의 발행인이었다. 전쟁 중 통합령에 의해 겐큐사 출판사로 발행을 양도하기까지는 영어청년사의 대표였다. 선생은 외로웠던지 우리를 아주 반갑게 맞아 주셨다. 하시는 말씀마다 어찌나 재미있는지 주객 모두 시간 가는 줄을 몰랐다. 여러 번 찾아가다 보니 어느새 편집에 대해서도 많은 가르침을 받았다.

　　무척 감사했다. 지금도 성묘를 간다. 선생은 우리 집에서 걸어서 삼십 분 정도 걸리는 덴쓰인에 잠들어 계신다. 성묘라고 해봤자 머리를 숙이고 손을 모으는 것뿐이지만, 내 마음이 저절로 맑아지는 듯하다.

(무대 뒤에 선 것처럼)

　　그 무렵의 젊은 편집자들은 모두 엘리트인 데다가

프라이드가 높아 집필자를 압도하는 면이 있었다. 그런 사람들을 보면 나는 왠지 서글퍼진다. 내가 지금도 감사하게 생각하는 편집자는 한결같이 상냥하고 겸허하며 티 나지 않게 젊은 사람의 싹을 키워 주는 사람이었기 때문이다. 일전에도 젊은 편집자가 함께 일하고 싶다며 손수 편지를 보내왔지만, 초고령자가 펄떡펄떡 뛰는 젊은 은어 같은 편집자와 짝이 되면 일이 되지 않는다.

　　나는 잡지를 만들 때 철저히 구로고(일본의 전통 무대 예술인 가부키나 노 등에서 검은 옷을 입고 배우 뒤에서 연기를 돕는 사람)가 될 것을 명심했다. 내 이름이 나오는 것을 부끄러워했고, 판단은 공정하게 하고 싶었다. 묘한 속세의 굴레에서 자유로워지고 싶었다고 할까. 언젠가 후쿠하라 선생이 내가 없는 곳에서 "그는 보편적 공정함을 잃지 않는다"고 나를 칭찬해 주셨다는 말을 전해 듣고서는 내 역할을 다 한 것 같다는 기분이 들었다. 구로고의 기쁨이다.

　　구로고는 무대에 나오지 않는다. 나올 때는 검은 복면에 검은 옷차림이다. 배우가 아니다. "나와 함께 연극을 합시다"라고 말하는 구로고는 없다고 생각했기에 앞서 말한 것과 같은 신인류의 출현은 당혹스럽다.

(편집은 제대로 해라)

대학에는 학부마다 연구 기요(대학이나 연구소 따위에서 연구 논문을 실어 펴내는 정기 간행물)라는 것이 있다. 학부 소속의 교수, 조교수, 조교 등이 논문을 써서 연 1회 발행한다. 그런데 이것이 완전히 무용지물에 예산 낭비다. 읽는 사람은 본인과 인쇄소 직원 정도다. 편집위원이 있긴 하지만, 실리는 논문도 제대로 읽지 않을 것이다. 쓰는 사람도 문자 그대로 제멋대로 쓰는 경우가 많다.

편집위원이 읽고 이상하다거나 지루하다는 생각이 들어도, 논문 집필자에게 주의시키거나 원고를 싣지 않으면 그야말로 큰일이 난다. 학문의 자유가 있으니 연구 또한 자유로워야 한다. 아무리 시시한 논문이라도 함부로 불평을 말할 수 없다.

나도 기요 편집위원을 몇 년이나 하면서 기요라는

것에 대해 생각했다. 그리고 기요가 시시하고 재미없는 이유는, 편집위원은 있으나 편집이 작용하지 않기 때문이라는 생각에 이르렀다. 편집위원이 하는 일이라고 해봤자 원고를 인쇄소에 넘기는 정도에 지나지 않는다.

편집이 제대로 기능하면 수준 이하의 논문은 실리지 않을 것이다. 이상한 부분을 고칠 수도 있고 발표할 가치가 없다고 판단하면 물릴 수도 있다. 그런 편집을 거친 기요라면 세상을 위하고 사람을 위하게 될 것이다. 실제로 해외 고급 학술지에는 엄격한 편집이 존재한다.

편집이 작용하지 않아 하찮은 인쇄물이 되는 것은 대학의 기요만이 아니다. 문학청년들이 만드는 동인지가 그러하다. 동인끼리 회비를 차출하여 만드는 잡지다 보니, 편집하는 사람이 있어도 진짜 편집은 하기 어렵다. 돈을 낸 이상, 누구에게나 원고를 활자로 만들 권리가 있으므로 모은 원고를 그대로 인쇄한다. 그런 잡지가 재미있을 리 없다. 길어 봤자 3호 정도로 끝나 버린다.

가장 심한 것은 선거철 후보자의 정견 발표 홍보물이다. 웃음을 터트릴 만한, 혹은 차마 눈 뜨고 보기 힘들 만

한 것들이 섞여 있다. 본인이 쓰거나 남에게 쓰게 한 문장을 토씨 하나 바꾸지 않고 그대로 인쇄해서, 즉 편집이 전혀 허락되지 않아서 그렇다.

나는 편집이 정말 중요하다고 생각한다. 편집을 좋아하기 때문이다.

(생활을 편집한다)

한때, 우리의 일상생활도 이런 볼품없는 잡지 같은 게 아닐까 생각했다. 할 일 없이 멍하니 보내는 하루는 편집 없는 동인지 같은 게 아닐까. 그런 생활이 재미있거나 세상을 위하는 것이 될 리 없다. 우리는 모름지기 생활을 편집해야만 한다.

우리의 일상생활은 책이나 잡지처럼 정리되어 있지 않다. 다양하고 잡다하다. 그래도 정리해 두면 동인지처럼은 되지 않는다. 스스로 편집자가 되어 스케줄을 짜본다.

'아침에는 무엇을 하고, 그다음은 볼일을 보고, 잠깐

쉬고는 자료를 찾아 보고서를 만든다. 거래처에 가는 길에 사람을 만난다.'

이런 식으로 일정을 세운다. 하루의 생활 편집이다. 그대로 실행하지 못하더라도 상당한 일을 처리할 수 있다. 아침부터 저녁까지 책상에 매달려 공부만 하는 것은, 말하자면 전문서 같은 종류라 편집할 필요가 없다. 그런 경우는 예외로 하고, 사람들은 대부분 매일 잡다한 일을 하고 있다. 내버려두면 편집 없는 잡지 같아진다. 생활의 편집자가 되어 정리를 더하면 인생을 충실하게 살 수 있다. 이게 바로 생활의 편집이다.

그런 식으로 작지만 제대로 된 잡지 한 권을 만들어 간다. 그 일을 마냥 반복할 게 아니라 주간 잡지를 만들고, 월간 잡지, 연간 잡지를 만들어 축적해 간다. 그 결과가 바로 인생이 된다.

25년을 계속해 온 잡지 편집 일에 익숙해지고 상당한 시간이 지나서야 그런 생각이 들었다. 그리고 뒤늦게나마 '내 인생의 잡지' 편집에 착수했다. 조금 늦었지만 재미있는 날들을 보낼 수 있게 되었다.

스스로 생각해야 한다

(앵무새처럼 공부하기)

2012년 5월, 가나가와 현 사가미하라에서 앵무새 한 마리가 도망쳐 행방불명이 되었다. 그런데 며칠 후 근처 호텔에서 발견된 앵무새가 집 주소를 술술 읊은 덕분에 키우던 주인 품으로 돌아올 수 있었다.

많은 사람이 이 흥미로운 기사를 읽고 앵무새의 영특함에 감탄했다. 인간 아이는 미아가 되어도 주소를 말하지 못하는 경우가 많다. 인지증(일본에서 치매에 대한 인식 개선을 위해 치매 대신 사용하는 용어)을 잃는 노인도 거리를 배회하다가 집으로 돌아가지 못하는 사례가 심심찮게 있다. 주소를 몰라 교통경찰이 애를 먹는 일 따윈 뉴스거리도 되지 않는다. 앵무새는 미아가 될 일도 적기 때문에 주소를 말한 것이 뉴스로서 가치를 갖는다.

앵무새 주인이 앵무새가 새장을 벗어날 경우를 염려하여 주소를 가르쳤는지는 확실치 않지만, 한두 번 가르치는 정도로는 어림도 없다. 익숙해지려면 시간이 걸린다. 아이가 공부하는 과정 역시 앵무새 훈련과 꽤 닮았다. 영문도 모르지만 반복해서 주입하면 마침내 그것을 외워 잊어버리지 않게 된다. 지식이 된다.

즉 지식은 흉내 내기의 결과다. 이를 인간만이 할 수 있다는 생각은 착각이다. 앵무새도 불완전하게나마 인간의 말을 흉내 낼 수 있다. 인간이 말을 익히는 과정은 앵무새가 인간의 말을 익힐 때와 별반 다르지 않다. 자칫하다가는 앵무새보다 못한 인간이 될 수도 있다.

외국어를 배울 때는 한층 앵무새에 가까워져야 한다. 뜻도 알지 못하고 흉내를 낸다. 같은 말을 반복할 수는 있어도 스스로 의사를 표현하지는 못한다. 앵무새 흉내 내기와 비슷하여 흉내는 낼 수 있어도 자신의 말은 하지 못하는 것이다. 외국어 학습에서는 종종 이 사실을 잊기 쉽다. 외국어 습득이 힘든 데 반해 그만큼의 성과를 얻기 어려운 이유이기도 하다.

지적 능력이 상당히 높은 사람이라도 오랫동안 외국어에 익숙해지면 점점 지적 능력이 저하한다. 창조성을 무시하고 반성 없이 오로지 모방만 계속해 온 결과다.

(지식만 많은 바보)

앵무새처럼 말하는 것을 언어학에서는 시타시즘 psittacism(기계적으로 반복되는 무의미한 말)이라고 한다.

"앵무새가 기계적으로 말하는 것을 시타시즘이라고 한다."

『영어학 사전』

일본인의 외국어 학습에서는 말하기가 읽기만큼 중시되지 않아 읽을 줄은 알아도 말은 할 줄 모르는 시타시즘이 흔하다. 책을 읽어 지식을 얻는 것을 이차적 시타시즘이라고 해야 할지 모르겠지만, 지식은 존경받는다. 박람강기博覽強記(여러 가지의 책을 널리 많이 읽고 기억을 잘함), 박학박식博學博識(배운 것이 많고 학식이 넓음)으로서 높이 평가한다.

그 정도까지는 아니더라도 지식을 갖고 있으면 지식인으로서 가치 있는 존재로 인정받기 때문에 많은 젊은 이가 지식 획득을 목표로 노력한다. 고등교육, 특히 문과 교육은 이러한 박식함을 목표로 하지만, 요즘에는 그것 자체가 잊히고 있는 것 같다.

흉내 내기로 얻을 수 있는 지식은 그 자체로 활력을 갖지 못한다. 새로운 지식을 낳는 힘이 부족하지만, 이를 반성하는 것은 유쾌한 일이 아니다. 그래서 장식과도 같은 지식에 교양이란 이름의 가치를 부여하여 실용보다 한 단계 높다고 착각하게 된다. 시타시즘 문화의 결과다.

다양한 학문을 배울 때도 이 시타시즘과 동일한 경향을 볼 수 있다. 지식이 어떻게 도움이 되는지는 생각하지 않고, 그저 지식으로서 축적하는 것에 문화적 의의가 있는 양 오해한 데서 학문의 추락이 시작된다. 대부분의 인문학자는 이 교양 시타시즘에 빠져 무기력하다. 흉내 내는 지식은 남용하여도 자기의 말이 아니다. 빌린 옷을 입고 아닌 척 기분 좋아하는 멋쟁이 정도로 평가될 뿐이다.

선진 문화 따라잡기를 지상의 과제로 삼았던 근대에는 시타시즘의 한계를 반성하는 게 반사회적이기조차 했다. 시타시즘적 문화, 지식, 학문을 최고의 지혜처럼 생각해 왔다. 선진 문화를 따라잡으려는 사회에서 멈춰 서서 생각하는 것은 허락되지 않는다. 뭐든 모방하고 신지식을 늘리기를 요구하는 풍조 속에서 시타시즘을 반성할 여유가 없었다고 해도 어쩔 수 없다.

"뭐든 알고 있는 바보가 있다"라는 우치다 켄(작가, 수필가)이나 "학술적 기초를 갖춘 바보만큼 나쁜 상황은 없다"라는 기쿠치 칸(소설가, 극작가) 등의 예외적인 의견도 없지는 않았다. 지식은 많으면 많을수록 좋다는 사고방식이 현대인의 지적 활력을 잃게 하지는 않았을까.

지식이 많다는 사실만으로 기뻐하는 것은 유치하

다. 목적도 생각하지 않고 알면 알수록 더 좋다고 생각하는 것은 지적인 인간의 편견이다. 어떠한 종류의 지식은 때로 새로운 문화를 창조하는 데 유해하다. 활발한 지적 활동을 위해서는 종종 방해되는 지식을 일부러 버려 줘야 한다. 그런 자유로운 발상에 시타시즘은 방해가 된다.

교양주의는 비창조적이지만, 무모하게 비판하며 파괴하는 것 역시 창조적이지 않음에도 이를 창조로 착각하기 쉽다. 이런 곳에서 새로움은 싹트기 어렵다. 지식을 신봉하기만 해서는 아무런 힘이 되지 않는다. 메이지 시대 이후 일본의 지식인이 대부분 고등실업자였던 이유는 상상력이 부족하여 지식이라는 허구의 세계를 인정하지 못했기 때문이다.

(뭐든 질문해라)

진정한 의미에서 지적인 사람이 되려면 교양 시타시즘에서 벗어나야만 한다. 아는 것은 물론 중요하다. 생각하는 것 또한 필요하지만, 무엇보다도 매사를 스스로 책임지고 생각하는 습관을 익혀야 한다.

다만, 그런 습관을 가르쳐 주는 곳이 지금은 보이지 않는다. 학교는 시타시즘에 입각해 있으니, '생각하는 습관'을 생각하는 일 따윈 불가능하다. 학교 교육을 많이 받을수록 생각하는 힘이 약해지는 경향은 부정할 수 없다.

지식이 있다고 자부하는 사람도 생각할 줄 모르는 앵무새족이다. 지식이 부족하거나 낡았다고 이렇게 자각하는 사람은 교양주의 엘리트보다 훨씬 사고력이 뛰어난 사람이 될 기회가 많다.

무학無學일수록 사고의 필요성을 강하게 느껴 새로운 사고를 낳기 쉽건만, 열등감이 심해 스스로 제동을 건다. 지식인은 이미 알고 있는 지식으로 모든 것을 처리할 수 있다고 생각하고 실제로 그렇게 하면서 독자적 사고를 게을리하는 경향이 강하다. 결국 평범한 사람이 가장 뛰어난 사고를 갖기 쉽다는 말이다.

생각에도 다양한 방식이 있지만, 생활 습관으로 본다면 그만큼 어려운 것이 없다. 이해가 가지 않고 의문이

든다면 허심탄회하게 "왜?", "어째서?"라고 스스로에게 묻는다. 즉시 책을 펼쳐 조사하는 것이 반드시 현명한 방법은 아니다. 의문을 의문으로 받아들이면, 이를 계기로 저절로 독자적 사고가 생겨난다.

　　자신의 머리로 생각할 수 있게 되면, 빌린 지식을 휘둘러 득의양양해져 있는 어리석음을 확실히 깨닫게 된다. 빌린 지식을 그대로 사용하면 시타시즘에 불과하다는 것을 지금의 사회는 반성해야 한다. 무지, 무학일수록 사고가 뛰어날 수 있다는 말은 절대 역설이 아니다.

대화할 때 지성이 자란다

(공부 모임에 빠지다)

학교를 나와 처음으로 근무했던 직장에서는 예상과 달리 전혀 즐겁지 않았다. 게다가 어찌나 바쁜지 도통 공부할 틈이 없었다.

학생 시절 후쿠시마 린타로 선생이 "직장을 갖게 되더라도 하루 2시간은 자기 공부를 하도록 하라"고 말씀하셨다. 학생 때는 직장인의 생활을 잘 몰라서 '하루 2시간 정도야'라고 생각하고, 그 두 배는 공부해야겠다고 다짐했

었다. 그 다짐을 떠올리며 이대로는 안 된다는 생각에 초
조해졌다.

남들 눈에도 그렇게 비쳤던 모양이다. 활력 없이 멍
하니 허공만 바라보던 어느 날, 학과는 다르지만 동갑에
동기인 스즈키 이치로 군이 "나도 공부가 안 되어 골치가
아프다"라며 말을 걸어왔다. 가까이에 동지가 있었다.

둘이서 이야기하다가 공부 모임을 만들자는 말이
나왔다. 둘이서는 외롭다. 또 한 명의 스즈키인 슈지 군을
부추겨 정기적으로 공부 모임을 갖기로 했다. 슈지 군도
학과는 다르지만, 동갑에 동기였다. 스즈키 이치로 군이
국문학, 스즈키 슈지 군이 중국한문학, 내가 영문학이어서
화한양和漢洋의 세 인재가 이곳에 모였다고 말하며 잡학회
雜學會를 발족했다. 이 잡학회는 어느샌가 삼인회三仁會라고
불렸고, 모두들 다음 모임을 기대하게 되었다.

모임은 대부분 일요일 오전 10시, 멤버 중 한 명의
집으로 모였다. 점심 식사 등으로 가족을 성가시게 하면
모임이 오래 지속되지 못할 것 같아 도시락을 배달시켜 먹
었다. 모임 초기에는 100엔으로 도시락을 먹을 수 있었다.

한 사람이 간단한 리포트, 연구, 화젯거리를 제공하며 도화선에 불을 지핀다. 그것을 안주 삼아 각자 자기 의견을 거침없이 말한다. 이야기가 꼬리에 꼬리를 물어 예상치 못한 방향으로 튀어 서로가 놀라는 일도 있었다. 때로는 앞으로 나아갈 길이 보이는 듯한 기분도 들었다. 태어나서 지금껏 이렇게 재미있는 모임은 없었다.

　　예전에 한창 전쟁 중일 때 시골 공동체에 상회常會라는 모임이 가끔 열렸다. 미리 쌀을 거두어 당일 큰솥으로 밥을 지어 두부와 유부를 넣고 끓인 된장국을 함께 먹는다. 이때는 관공서의 통보가 있어도 듣는 사람은 적다. 모두 눈에 불을 켜고 밥을 먹느라 정신이 없다. 이웃 아저씨가 "넌 왜 먹는 게 그 모양이냐? 젊은 녀석이 예닐곱 공기는 먹어 치워야지"라고 말하며 잡다한 이야기로 흐른다. 평소 말이 없던 사람도 배가 부르니 말이 많아져 한껏 분위기가 무르익고 재미있어진다. 이 재미에 상회가 열리면 열 일 제쳐 놓고 참석했다. 대체로 따분했던 시골 생활에서 이 상회만은 예외였다.

　　삼인회를 하면서 이 상회를 떠올리기도 했지만, 재

미로 치자면 비할 바가 못 된다. 상회는 먹는 게 중심이고 이야기는 덤이었던 데 반해, 삼인회는 지적 대화가 중심으로 먹는 것 따윈 안중에도 없었다.

처음에는 저녁 무렵에 끝내기로 했지만, 모두 좀 더 하고 싶어 했다. 결국 저녁까지 해 먹으며 밤 9시, 10시까지 정신없이 지껄여댔다. 10시간 이상 자신을 잊고 열띤 이야기를 하는데 신기하게도 전혀 피곤하지 않았다. 좋아! 하자! 원기가 끓어 넘쳐 피로를 날려 버렸다. 우리 세 사람은 자신의 공부에 대한 길을 찾고자 했다. 입 밖에 내지는 않았지만, 문학 연구의 방법론 확립을 목표로 하고 있었다.

(다른 분야 사람하고 놀아라)

1969년에서 1970년 무렵은 대학 분쟁으로 수업을 할 수 없었다. 공교롭게도 나는 당시 학생위원에 선발되었다. 학생들이 언제 몇 시에 행동을 개시할지 알 수 없었기에 학생위원에게는 종일 대기하라는 지령이 떨어졌다. 이를 어쩐다! 큰방에 모여 있어도 서로 전공이 다르다 보니 공통된 화젯거리도 없다. 했던 이야기를 하고 또 하면서 제각기 딴 곳을 보고 있었다. 책을 읽거나 하지도 않았다.

그런데 몇 번째 모임에서였던가, 중국 문학을 전공하는 학생이 "옛날 중국의 궁정宮廷은 아침 해가 뜸과 동시에 정청政廳을 열었던 것에서 유래하여 조정朝廷이 되었다"라고 말했다. 그때까지 왜 조정이었지 한 번도 생각했던 적이 없었기에 신선하고 흥미로웠다. 이 중문학도는 또한 요리料理라는 말은 "이치理를 생각한다料가 본래의 의미"라고 알려 줬다. 머리를 사용하는 요리라는 말이 신선했다. 다른 무리들도 자극을 받아 제각기 아전인수我田引水 격의 논리를 펼쳤다.

사교적인 자리에서 자기 일이나 전공에 관해 말하는 것은 실례다. 공통 관심사가 아니면 재미없어 한다. 아전인수는 한층 타산적인 만큼 더 재미가 없다. 그런데 학생위원의 아전인수는 정말 재미있었다. 새로운 지식을 얻을 수 있었고, 무엇보다 그때까지 말을 섞은 적이 없던 사람과 친구가 될 수 있어 좋았다.

대학 분쟁의 폭풍이 한바탕 휘몰아치고 평온이 찾아오면 왠지 따분했다. 당시에 함께 학생위원을 했던 동지를 만나면 "큰 소리를 낼 수는 없었지만, 그때 그 대기 시간이 참 즐거웠어!" 같은 말을 하곤 한다.

유별났던 나는 잡학 클럽을 만들었다. 철학, 심리학, 교육학, 농화학, 외국 문학 등 전공이 다른 멤버들로 시작해서 한 달에 한 번 정도 모임을 열었다. 재미는 있었지만, 학생위원회 대기 시간에 했던 이야기처럼 흘러가지는 않았다. 2년 정도 있다가, 제대로 된 이름도 없었던 이 모임은 흐지부지 사라지고 말았다. 수업 후 지쳐 있을 때라 그렇게 된 것일지도 모른다. 역시 뭔가 요깃거리가 없으면 이야기가 수월하게 흘러가지 않는 모양이다.

그 무렵, 영국의 루나 소사이어티의 에피소드를 알게 되면서 삼인회가 낮과 밤 두 번씩이나 함께 밥을 먹었던 일이 떠올랐다.

루나 소사이어티는 눈부신 클럽이다. 진화론을 주장한 찰스 다윈의 조부 이래즈머스 다윈을 중심으로 10명 정도의 멤버가 한 달에 한 번 보름달이 뜬 밤에 모였기 때문에 '월광회'라는 이름이 붙었다. 서로 전문 분야가 달라 같은 일을 하는 사람이 없었다는 점이 특징이다. 같은 분야의 사람이 있으면 이야기가 세분화되어 토론에 지장을 줄 것을 우려한 나머지 멈칫멈칫하다가 흐름이 끊겨 버린다.

루나 소사이어티는 훌륭한 성과를 낳았다. 멤버 중 프리스틀리는 산소를 발견하였고, 제임스 와트는 증기 기관의 개량에 성공했으며, 머독은 가스등을 개발했다. 다른 멤버도 각각 눈부신 업적을 올렸는데, 그 뿌리가 이 모임에 있었다고 볼 수 있다.

영국은 18세기 말에서 19세기에 걸쳐 산업혁명을 주도했다는 평을 받는다. 산업혁명의 원동력이 되었던 발명이나 발견 중 이 클럽 멤버에 의해 탄생한 것이 적지 않기에 과학사에서도 특별하게 기록되어 있다.

20세기에 접어들어 잡학 클럽으로 성과를 올렸던 곳은 미국의 하버드대학이다. 20세기 초 하버드대학의 평가는 절대적으로 높았다고 할 수는 없다. 그 점을 안타깝게 여긴 당시의 로웰 총장이 노벨상 급의 학자를 배출시키고자 훗날 '하버드 펠로우 협회'라 불리는 연구 담화회를 만들었다.

　　각 학부에서 대학원이나 그 이상의 연구자를 선발하여 매주 한 번 오찬 파티를 했는데, 로웰 총장은 매번 자비로 고급 와인을 기증했다. 멤버 중 한 사람이 자기 연구에 관한 리포트를 발표하면, 각각 전공이 다른 사람이 그것을 듣고 질문하는 모임이었다. 그러던 중에 노벨상 급의 연구자가 등장하면서 대학의 이름을 드높였다.

　　로터리 클럽도 20세기에 처음 생겼다. 실업가들의 국제적 사교 클럽으로 사회에 큰 공헌을 하고 있지만, 전문 분야가 다른 사람들의 모임이라는 점에서 더욱 시선을 끈다. 같은 지부에 같은 사업을 하는 사람은 한 명으로 제한한다는 규정이 모임을 견고하게 하는 큰 요인이었다. 같은 분야에 종사하는 사람이 있으면 알게 모르게 서로 견제

하고 의식하게 되므로 좋지 않다.

그렇게 생각하면, 대학이 동일 전공자들을 묶어 한 학과를 구성하고 있는 것은 참 아쉬운 일이다. 대학은 사교의 장이 아니므로 같은 전공 혹은 비슷한 전공의 연구자로 조직을 만드는 것이 현실적이지만, 그렇게 해서 잃는 것 또한 적지 않다. 멤버가 자유롭게 의견을 주고받거나 좋은 의미에서 자극받기 어렵다.

그런 점에서 로겔기스트라는 물리학자 클럽은 주목할 만하다. 멤버 모두가 물리학 연구자인 로겔기스트의 담론은 『물리의 산책길』이라는 에세이집 몇 권에 기록되어 있는데 일본 최고의 지성을 그곳에서 만날 수 있다. 그와 동시에 전공 분야가 같은 사람끼리도 이러한 창조적 발상을 낳을 수 있음을 실증했다는 점에서 특출한 사례다.

(시골의 학문보다 도시의 낮잠)

예전에 교토 학파라고 불리며 눈부신 활약을 펼쳤

던 학자와 문인의 소소한 모임이 있었다. 출판사가 교토에 문이 닳도록 드나드는 것을 조롱하는 말까지 나돌 정도였다. 이 교토 학파의 에너지원은 대학 연구실이나 개인 서재가 아닌 술집에서의 담론에 있지 않을까 싶다.

교토의 거리는 도쿄에 비해 작으며 도시 전체가 학자와 문인을 중시하는 기풍이 있었다. 그런 교토에서 학자나 연구자가 모이는 곳은 자연스레 한정되었고, 그곳에서는 전문 분야가 전혀 다른 사람들이 기염을 토하고 있었다. 그런 분위기에 젖어 드는 것만으로도 좋은 자극이 되고, 그렇게 부대끼다가 보면 독특한 발상이 생겨나기 마련이다. 한 마디 의견을 덧붙이기 시작하면 학구적 심포지움이 된다. 그야말로 지知의 향연이다.

얼마 안 있어 이 모임에서 노벨상 수상자가 나오기 시작했다. 다양한 분야를 넘나들며 담론을 펼쳤던 것이 결국 서로 다른 분야의 교류로 이어졌고, 그런 모임 분위기에서 양성된 지성의 힘이 큰 효력을 발휘한 듯하다.

전공은 산으로 치자면 정상 가까이에 있다. 고립되어 이웃과의 교류는 꿈도 꿀 수 없다. 더 높은 곳에 이르려면 우선 기슭으로 돌아와 에너지를 보충해야 한다. 위쪽만 보고 있으면 기슭의 풍요롭고 혼돈된 세계를 잊기 쉽다. 높은 산에 있는 사람일수록 더 그렇다. 그리고 상승력을 잃는다. 술집에서의 잡학적 방담은 훌륭한 에너지를 부여한다. 상아탑에 틀어박히면, 기슭의 저속함이 싫다고 혼자 고결하게 있다가 하락하기 시작해도 깨닫지 못한다.

"시골의 학문보다 도시의 낮잠"이라는 옛 속담이 있다. 시골에서 맹렬히 공부하는 것보다 도시에서 다양한 일들로 바쁜 가운데 공부하는 쪽이 의외로 낮잠 잘 시간이 날 만큼 여유가 생긴다는 말이다. 시골에서 혼자 맹렬히 공부하기보다 도시에서 한잔하면서 학문적 담론을 나누는 것이 좋은 결과로 이어진다고도 풀이할 수 있다.

들기로는, 요즘 젊은 연구자들은 사람 만나길 좋아하지 않는 모양이다. 예전 같으면 학회가 끝나고 함께 한잔 마시곤 했는데, 지금은 각자 재빨리 돌아가 버린다. 모임 자체를 좋아하지 않는 사람이 늘었다고 한다. 그런 사람은 담론풍발談論風発(얘기나 토론이 활발하게 행해짐)을 경험하지 못하고 일생을 마치게 되지 않을까. 쓸쓸하기 그지없다.

(모임은 계속된다)

그런데 우리의 삼인회는 그 후 여정이 평탄하지 못했다. 세 사람 모두 도쿄교육대학 문학부 조교수로 있던 몇 해 동안이 황금기였다. 교육대학을 쓰쿠바로 옮긴다는 말이 나오자 삼인회 모두 반대했는데, 성질이 급했던 나는 이전이 결정되자마자 사표를 던지고 오차노미즈여자대학으로 옮겼다. 두 명의 스즈키 군은 마지막까지 반대하며 남았다. 그래도 삼인회는 한 해에 몇 번은 모였다.

얼마 안 있어 두 사람 모두 도쿄에 있을 수 없게 되어, 이치로 군은 가나자와대학으로 슈지 군은 히로시마대학으로 옮겼다. 세 사람이 흩어지고 나니 다시 이야기가 하고 싶어졌다. 혼자가 되어서도 다들 열심히 일했지만, 항상 마음 한편에서는 서로의 목소리를 그리워했다.

슈지 군은 공부를 너무 열심히 하고 과로한 나머지 몸이 망가졌는데, 병원에도 가지 않다가 놀랄 만큼 젊은 나이에 세상을 떴다. 그 이후로 삼인회는 열리지 않았는데, 어느 날 이치로 군으로부터 엽서가 왔다.

"삼인회가 지금은 이인회가 되었지만 들려주고 싶은 이야기가 있어. 가능한 한 빨리 얼굴을 봤으면 해."

그 무렵 그는 주몬지가쿠인여자대학의 학장으로 있었다. 눈발이 흩날리기 시작한 추운 겨울날 학장실에서 그의 역작인 기요에 관해 들었다. 학위 논문 같았다. 재미있다고 말했더니 "그렇게 말해준 것만으로도 만족한다"라고 했다. 우리는 이케부쿠로로 나가 축배를 들었다. 3개월 후 그는 학장인 채로 생을 마감했지만, 행복했으리라 생각하니 마음이 편안했다.

삼인회가 이렇게 사라지고 몇 년이 흐른 후, 새로운 이야기 모임을 만들었다. 학문 연구와는 연이 없는 멤버와 세상 사는 이야기를 나눌 뿐이지만, 이 또한 재미있다. 하나만으로는 부족한 감이 있어 하나를 더 만들었다. 그래도 부족하다 싶어 또 새로운 모임을 만들다 보니 지금은 다섯 개나 된다. 상당히 바쁘지만, 생생하게 지적 생활을 누릴 수 있는 것은 이런 모임들 덕분이다.

2장

몸을 편하게 한다

Intellectual Lifestyle

오래 누워 있어라

1952년, 내각은 일본어를 왼쪽부터 가로쓰기하겠다고 통보했다. 전쟁에 패하여 반은 넋이 나가 있던 국민은 아무 반응도 보이지 않았다. "앞으로 모든 공문서는 가로쓰기로 해야 한다"라는 통보였다.

나는 갓 부임한 영어 교사였음에도 맹렬히 화를 냈다. 이 무슨 난폭한 짓이란 말인가. 개벽 아래 지켜 왔던 세로쓰기 전통을 달랑 통보 하나로 바꾼다는 것은 언어도단

言語道断이 아니고 무엇이겠는가. 문화 파괴라고 해도 좋다. 세로쓰기를 가로쓰기로 한 이유부터 말이 되지 않는다.

사무 합리화라는 명목은 그럴싸하지만, 사실은 서양식 타자기에 맞춘 것이기에 이유라는 게 변변치 않다. 그 무렵 관청의 공문서는 화문和文 타자기를 사용했는데, 서양식을 변환한 타자기라 한자를 치는데 수고가 많이 들었고 특히 세로쓰기가 성가셨다. 그래서 가로쓰기를 하면 훨씬 능률적이라고 생각했던 것이다.

일본어를 지켜야 마땅할 국문학자까지 가로쓰기를 묵인했다. 묵인한 정도가 아니라 어느 해인가 W대학에서는 입시 국어 문제를 가로쓰기로 출제했다. 세상의 강한 빈축을 사자 당황한 대학은 다음 해부터 원래로 되돌렸다.

대학에서조차 그랬으니 가로쓰기 국어사전의 등장은 놀랍지도 않다. 새로운 유행을 좇는, 혹은 진보적인 이미지를 얻고 싶은 속이 시커먼 젊은이가 가로쓰기 소설을 발표하여 화제가 되었지만, 다행히 그리 퍼지지는 않았다.

나는 줄곧 가로쓰기, 가로 읽기에 반대하고 있다. 일본인 중 근시가 많은 이유는 세로 글자를 가로쓰기로 만든 사전 탓일 것이라는 가설을 생각했다. 원흉은 1920년대에 나와 유행한 영어 소사전이다. 나는 그 사전을 사용하고 근시가 되었다.

　　나는 20대 후반부터 월간 영문학 잡지를 편집했다. 지금은 없는 《영어청년》이라는 잡지로, 매우 격이 높았지만 가로쓰기였다. 대형판 64페이지의 교정을 매월 두 차례 한다. 때에 따라서는 삼교를 한다. 한 페이지는 100행 혹은 104행이다. 한 행의 문자가 26자 정도니 한 페이지의 문자는 2,700자 남짓, 전체로 치면 17만 3,000자(400자 원고지로 430매)나 된다.

　　원래 근시였지만 다달이 악화됐다. 가로쓰기 탓이었다. 교정을 할 때면 아래 행과 엇갈려 보여서 자로 아래 행을 막고 읽었다. 눈이 가로로 달리는 것이 아니라 마치 칼로 무를 깎듯이 나아갔다. 일본어의 가로쓰기는 확실히 눈에 나쁘다. 20년 간의 편집으로 몸소 확인했다.

　　도저히 가만히 있을 수 없어 "일본어는 서 있어야지 누워 있어서는 안 된다"는 취지의 에세이를 수차례나 반복해서 썼다.

문자라는 것은 읽을 때 시선이 흐르는 방향과 직각으로 엇갈리는 자면字面, 선을 주축으로 한다. 세로로 읽는 한자에서는 一·二·三이지만, 가로로 읽는 로마자에서는 I·II·III이 된다. 세로로 읽는 한자에서는 시선이 달리는 방향과 문자의 선이 직각으로 교차하여 합리적이다.

새鳥의 가로선이 하나 떨어지면 까마귀烏가 된다. 알파벳은 n, m, i, l 등 모든 것이 세로선으로 구별된다. 당연히 가로쓰기하는 문자다. 아무리 술에 취해 정신이 몽롱한 사람이라도 영어를 세로쓰기하려는 사람은 없을 것이다. 그런데 일본은 제정신인 상태에서 가로쓰기를 제도화했다. 자연의 섭리에 반하는 행위다.

보다 못해 "안과 의사 여러분, 이대로 좋습니까?"라는 글을 쓴 적도 있다. 그 후 이래저래 반세기가 흘렀다. 안과 의사 중에 이 글에 답한 사람은 아무도 없다. 상당히 바쁜 모양이다.

지금 일본어 세로쓰기를 지키고 있는 것은 하이쿠와 단가, 신문, 주간지와 일반잡지 정도다. 일부 신문은 가로쓰기 칼럼을 넣어 간을 보고 있다.

아무튼 천여 년이나 이어져 온 세로쓰기다. 한자의 종주국인 중국도 가로쓰기를 했다고 해서 안이하게 가로로 써서는 안 된다. 일본어는 서 있어야지 누워 있어서는 안 된다.

(인간은 누워야 한다)

인간은 문자와 달리 서 있을 수만은 없다. 누워야 할 때는 누울 필요가 있다. 그 사실을 깨달은 것은 인간이 직립보행을 한다는 생각을 하면서부터다.

동물에게는 질식이 없다는 사실을 알고 놀라움을 금치 못했다. 인간은 소리 내어 말하게 되면서 기관지가 식도보다 점점 밑으로 내려갔다. 인간의 경우 먹은 것이 기관지로 들어오기 쉬워 질식이 일어나지만, 동물은 지속적으로 소리를 내지 않기 때문에 기관지가 막힐 위험이 없다고 한다. 그러나 그 때문만은 아니라는 생각이 들었다.

동물은 누워서도 음식을 먹기에 음식물이 식도가

아닌 기관으로 잘못 들어가는 오연誤嚥이 일어나기 어렵다. 반면, 직립보행을 하는 인간은 음식을 먹을 때도 앉은 자세이다. 이것이 오연이나 질식이 일어나는 이유라고 생각했다. 인간이 개와 같은 자세로 밥을 먹을 수는 없지만, 질식이 싫다면 개나 고양이 흉내를 내도 괜찮지 않을까. 그런 우스개 같은 생각도 해보았다.

감사하게도 인간은 머리부터 발끝까지 몇 개의 관절이 있어 발이 받는 충격이 약해질 대로 약해지고 나서야 머리에 이른다. 이는 두뇌의 안정과 정밀화에 큰 도움이 된다. 개나 고양이처럼 활보해서는 머리를 상하로 심하게 움직일 수밖에 없어 뭔가를 생각하기 어렵다. 인지 발달은 직립보행에 빚지고 있는 부분이 크다. 이런 내용은 생리학에서는 아무것도 아닌 지식이겠지만, 무지한 사람에게는 자극이 된다.

직립보행으로 머리는 득을 보고 있으나 내장은 험한 꼴을 당하고 있다. 네발 동물은 선 채로 자는 일도 많아 내장이 항상 병렬 상태에 있다. 하지만 직립하는 인간은 상부 장기가 하부 장기를 압박한다. 특히 위는 배가 차면

부풀어 무거워진다. 아래의 기관에 중압이 가해진다. 이상이 생기는 게 오히려 자연스러운 일이다.

즉 내장의 위치를 고려하면, 직립보행은 부자연스러운 상태다. 누운 자세가 바람직하므로 매일 몇 시간씩은 규칙적으로 누울 필요가 있다. 그러니 인간은 밤에 꼭 취침해야 한다. 사리 판단이 어두운 아이나 젊은이가 밤샘 공부를 하고 뿌듯해하는 모습을 보면 어이가 없다.

(눕는 게 보약)

소나 말은 서서 잘 수 있어서 괜찮지만, 인간은 눕지 않으면 잠을 잘 수 없다. 몽유병 환자는 걸으면서 잔다고도 하지만 그것은 정상이 아니다.

밤이 되면 만사 제쳐두고 자야 한다. 이를 멍청하다고 여기는 근대 생활관은 자연의 섭리를 거스른다. 그런데 이러한 인식이 지식인에게도 결여되어 있다. 창피해야 할 일이다. 전등이 없던 그 옛날에는 밤에 책을 읽을 수 있음을 감사히 여겼다. 반딧불과 흰 눈의 빛에 의지해 글을 읽었다는 야학을 칭송하는 형설지공螢雪之功 같은 말이 있었기 때문일 것이다.

하지만 현실적으로는 날이 어두워지면 얼른 자는게 상책이다. 영국의 시인 윌리엄 블레이크는 "아침에 생각하고 오후에 행동하고 저녁에 밥을 먹고 밤에 잠을 자라!"라는 시를 남겼다. 몹시도 바쁜 현대인은 이런 소박한 생활을 비웃을지 모르지만, 얕은 생각이다.

특히 나이 든 사람 중에는 밤에 일찍 잠자리에 들어도 잠을 이루지 못하는 사람이 많다. 불면증인 사람은 젊을 때부터 자는 것이 힘들다. 그러나 크게 걱정할 일은 없다. 본인은 잘 수 없다고 생각해도 결국 잠들게 되어 있다. 불면이라는 말에 사로잡혀 자신을 힐난하고 괴로워하는 일은 그만하자.

오직 잠을 자기 위해 눕는 것은 아니다. 서 있는 동안 우리 몸에 가해진 부자연스러운 힘을 해소한다는 의미가 크다. 잘 수 없더라도 누워 있으면 몸이 쉴 수 있으니 건강에 좋다는 생각을 하면 잠들기 쉽다. '자야지, 자야지' 생각하면 오히려 잠이 오지 않는다.

　병에 걸렸을 때 어설프게 약을 먹기보다는 몸을 따뜻하게 하고 조용히 누워 있는 게 회복으로 이어지는 일도 많다. 몸이 좋지 않다 싶으면 아무튼 잘 자고 잘 눕는다. 감기에 걸렸을 때 감기약으로 좀처럼 낫지 않으면 뜨거운 물에 몸을 담갔다가 몸이 식기 전에 얼른 잠자리에 들어 쉰다. 잠이 들면 최고겠지만, 그냥 누워만 있어도 감기 기운이 많이 가신다. 눕는 게 이렇게나 몸에 좋다.

　의자에 앉아 있는 게 편할 거라 생각하는 사람이 많은데, 실은 몸에 아주 좋지 않다. 장시간 의자에 앉아 움직이지 않고 있다가 이코노미증후군이 되는 경우도 심심찮게 있다. 역시 누워 있으면 그런 일은 생기지 않는다. 항공기는 이코노미석에도 좌석이 아니라 침대를 제공하는 서비스를 해야 하지 않을까.

　고령자는 하루의 반 이상을 누워서 보낸다. 자리보전이라고도 하지만, 누워 있으면 몸의 부담이 줄어 생명력이 붙기 쉽다. 눕는 시간을 더 중시해야만 한다. 나는 일찍이 '잠은 보약'이라는 좌우명을 갖고 있었지만, 눕는 게 약보다 효과가 뛰어나다는 것을 경험으로 깨달았다. 인간은 모름지기 누워야만 한다.

(누워서 생각한다)

젊은 시절에는 몸이 허약한 데다 지병인 천식으로 늘 일을 쉬고 몸져누워 있었다. 그러다 보면 따분해서 평소라면 읽지 않았을 책을 재미있다며 읽곤 했다. 그래서 전공 이외의 책도 재미있다는 것을 알게 되었다. 한번 몸져누우면 일주일 정도는 꼼짝할 수 없었다. 그동안에 많은 책을 읽었다. 그 옛날 결핵 요양소에서 읽은 책으로 남부럽지 않은 지식을 쌓은 사람을 여럿 알고 있다. 병중에 독서의 은덕을 받은 것이다.

마흔이 넘을 때까지 책만 읽으며 살아도 좋다고 생각했다. 지식이 있으면 뭐든 할 수 있다. 책을 읽지 않으면 지식이 몸에 배지 않는다고 생각했다. 안 그래도 나쁜 시력이 책을 읽으며 더 안 좋아졌다. 누워서 가로쓰기 책을 읽는 것이 도저히 불가능함을 알게 되었지만, 침상의 독서는 멈추지 않았다.

이윽고 지식은 사람이 만든 것이고, 그것을 사용하는 것은 남에게 돈을 빌려 물건을 사는 것과 같다는 생각에 이르렀다. 그래서 산책을 시작했다. 걸으면서 책을 읽을 수는 없다. 산책 중 망상의 날개를 끝없이 펼치며 기분이 좋아지니, 생각은 걸으면서도 할 수 있음을 알게 되었다.

먼 옛날 그리스에는 소요학파逍遙學派라고 불리던 철학자들이 있었다. 그들을 선망하여 산책 중에 뭔가를 생각하기 시작했다. 걷다 보면 재미있는 생각이 떠오른다. 그러면 멈춰 서서 메모를 한다. 이렇게 메모로 채운 수첩이 한 해에 10~12권은 되었는데, 그 수첩을 친구에게 자랑해 보이던 젊은 날의 객기를 먼 훗날에 떠올리니 혼자 얼굴이 붉어진다.

책상머리에서는 정리되지 않던 생각이 근처를 한두 바퀴 돌고 오면 술술 풀렸던 경험 이후로 산책 신봉자가 되었다. 그러면서 산책 중에 떠오른 생각을 메모하는 습관이 붙었다. 시간이 지나니 산책보다는 아침에 눈을 뜬 후

30분에서 1시간 정도 천장을 노려보고 있는 쪽이 더 생산적인 사고가 가능함을 깨달았다. 머리맡에 큰 메모지를 두고 자유로운 사고를 즐긴다. 여기서 얻을 수 있는 아이디어는 산책 중 사고와는 조금 성질이 다르다. 침상 쪽이 더 좋은 생각이 솟는다.

어째서일까. 쓸데없이 흥미가 일어 이따금 생각해 보았다. 그러다가 한 가지 가설이 떠올랐다. 걸으면서 생각하는 것보다 누워서 생각하는 쪽이 합리적이지 않을까. 산책할 때는 서 있어야 하지만 자려면 당연히 누워 있어야 한다. 소나 말은 똑바로 누울 수 없지만 인간은 누우면 두뇌 활동이 평소보다 활발해지지 않을까 하고 생각했다.

아침에 눈을 뜨면 대개는 기분이 상쾌하다. 몇 시간이나 잠을 잤으니 머릿속이 말끔하게 청소되어 있다. 렘수면에 의한 선택적 망각 덕분이다. 머리의 흑판은 깨끗하게 지워져 새로운 것을 써넣기에 적합하다.

오랫동안 그런 사고에 머물러 있었다.

그러던 어느 날 아침, 이런 생각이 떠올랐다. 머리가 개운한 이유는 망각으로 정리됐기 때문이 아니라 누워 있어서가 아닐까. '그래, 그거야!'하고 생각이 떠올랐다. 누워 있으면 머리의 높이가 심장과 거의 같아져 심장은 무리 없이 혈액을 머리로 보낼 수 있다. 서 있거나 걸을 때와 비교하여 머리의 혈액순환이 실제로 좋아지는지 알 수 없지만, 사고하기 좋아지는 것만은 확실하다. 줄곧 누워 있던 무렵에 독서가 좋았던 이유는 역시 누워서 읽었기 때문이라고 멋대로 해석했다. 그래서 산책 중의 사고와 함께 침상에 누운 상태의 사고를 중시하게 되었다.

역시 아침이다. 눈을 뜨고 잠시 멍하니 있으면 어디부터라고 할 것 없이 단편적인 사고가 춤을 추기 시작한다. 계속하면 조금 전에 약간 흥미 있던 아이디어의 똘마니 같은 녀석이 어른어른 나타난다. 또 왔구나, 싶은 기분이 들면서 의외로 새로운 생각이 나기도 한다. 줄기에서 가지가 뻗어 나가듯 넓어진다. 눈 깜짝할 새다.

셰익스피어의 말 중에 "so swift as thought(생각하듯 재빠르게)"라는 말이 있다. 겨우 2~3분 동안 원고지로 10장 분량의 사고가 흘러간다. 멍하니 있으면 어디랄 것 없이 흘러가 사라진다. 그리고 두 번 다시 눈에 띄지 않는다.

그래서 머리맡에 큰 메모지를 놓고 주요 단어만이라도 써둔다. 몸은 아직 반쯤 잠에 취한 상태라, 내가 쓴 글자지만 나중에 보면 암호 같아서 몰라보는 일도 적지 않다. 그러면 별로 신경 쓰지 않고 미련 없이 포기한다.

체력에서 지혜가 나온다

(육상 정복하기)

초등학교 6학년 때, 학교 옆 언덕에서 허구한 날 타잔 흉내를 냈다. 굵은 덩굴이 드리워진 이름 모를 나무에 매달려 뛰어올랐다가 몇 미터나 떨어진 땅에 착지했다. 그 재미에 시간 가는 줄도 모르다가, 나중에야 6학년 사내아이가 하기에는 조금 유치하다는 생각이 들었다.

어느 날 나무 덩굴이 끊어지는 바람에 굴러떨어져 다쳤다. 나흘 동안 씻지를 못했다. 아침에 눈을 뜨면 팔이 굵은 통나무처럼 부어오르고 고열이 났다. 병원에서 단독 (헐거나 다친 피부로 세균이 들어가서 열이 오르며 부기, 동통을 일으키는 전염병)이라고 했던 것 같다. 의식이 몽롱해 있던 터라 확실하게 기억나지 않는다. 이틀 정도 의식이 없어 아버지도 마음의 준비를 하고 있었다고 들었다.

한 달 남짓 입원하고 학교로 돌아가니 놀라운 일이 있었다. 그때까지 나는 보통 키로 반에서 자리도 뒤에서 두 번째 줄에 앉았는데, 가장 큰 아이들이 앉는 첫 번째 줄로 옮기게 된 것이다. 입원하며 쉬는 동안에 키가 큰 모양이었다. 앞에도 썼듯이 누워 있는 것이 몸에 좋았던 것일까.

중학교 첫 운동회에서 또 놀랄 일이 있었다. 달리기와 멀리뛰기 등 몇 종목에서 학년 1등상을 받았다. 육상에 재미를 붙여 틈만 나면 운동장으로 나가 연습했다. 지도해 주는 사람도 없이 독학했다. 학교 기숙사에 살았기에 하교 후 저녁 시간까지 운동장에서 보냈다.

100미터, 200미터, 400미터, 1,500미터, 높이뛰기, 멀리뛰기, 세단뛰기, 창던지기, 투포환, 원반던지기, 전부 다 했다. 장대높이뛰기는 장대가 꺾인 적이 있어 무서워서 그만뒀지만, 10종 경기 대부분을 해내고 의기양양했다.

(공부도 정복하다)

3학년 여름방학 무렵이었다. 교무실 앞을 지나는데 열려 있던 창문 너머로 영어 담당 K선생의 목소리가 들려왔다. '도야마'라는 이름이 나와서 깜짝 놀라 우연히 서서 듣게 되었다.

"도야마는 육상이 하고 싶어서 일부러 이 학교로 왔나 봐……."

고향 마을 중학교로 진학하지 않고 기숙사가 있는 이 중학교에 입학한 것을 K선생만이 아니라 다들 의아하게 생각했던 모양이다.

그런 식으로 생각하다니 어이가 없었다. '좋아, 공부하자!' 그날부로 육상 연습을 미련 없이 그만뒀다. 일단 영어에 집중하여 K선생의 코를 납작하게 하자는 단순한 생각이었다.

공부는 운동만큼 눈에 띄게 실력이 늘지 않아 갑갑했지만, 의지는 넘쳤다. 미친 듯이 공부해서 4학년 때는 4·5학년(당시에는 중학교 수업 연한이 5년이었다) 종합 모의고사에서 5학년을 누르고 가장 높은 영어 점수를 받았다. 이 사실을 K선생이 반 전체에 알렸던 것은 내 일생에서 가장 통쾌한 일 중 하나다. 하지만 갑작스레 운동을 그만둔 건 좋지 않았다. 이후로 평생 지병을 안고 살게 되었다.

이 중학교는 특이한 점이 있었다. 당시 내가 살았던 지역은 야구가 엄청 인기 있었는데 학교 측에서는 야구를 금지하고 다른 학교에서는 하지 않던 축구를 교기로 삼았다. 또 하나, 전교생 장거리달리기가 있었다. 아마 5월이었을 것이다. 수업 시간을 5분씩 단축하여 남은 시간에 달리는데, 1학년이 5.5킬로미터, 2·3학년이 7킬로미터, 4·5학년은 10킬로미터를 달린다. 전교생이 교정에 모여 순차적으로 출발하는데, 50세를 넘긴 교장도 학생과 똑같은 차림으로 달린다. 선생들도 모두 달린다. 밭 가운데로 난 길을 달려가면 사람들은 잠시 농사일을 멈추고 일어서서 인사해준다. 기분이 좋다. 이제 1킬로미터, 저 멀리 학교 건물이

보일 때쯤이면 거의 쓰러지기 일보 직전이다. 젊은 선생도 힘들어한다. 앞사람을 따라잡을 때면 가볍게 눈인사를 한다. 지금 떠올려도 참으로 아름다운 광경이다.

이 장거리달리기를 봄에 2개월, 가을 초입에 2개월을 했다. 학생들은 싫다, 힘들다 투덜댔지만, 사회로 나간 선배들은 나중에 고마워하게 될 거라고 말했다. 그 말이 맞았다. 군대에 들어가 군장을 멘 채 1킬로미터나 달리면 슬슬 기진맥진하는 사람이 나오는 와중에 나는 느긋하게 계속 달릴 수 있었다. 평소에는 형편없는 약골인지라 주위 사람들이 놀라서 눈이 휘둥그레졌다.

중학교를 마치고 15년은 거의 매일 책을 읽는 생활이었다. 공부도 해보면 재미가 있다. 몸이 별로 좋지 않았음에도 건강 따윈 안중에도 없었다. 머리를 사용하려면 손발을 움직이는 것이 오히려 방해된다고 생각했다.

(걷기를 멈추지 마라)

그럭저럭 교사가 되었으나 전혀 의지할 곳이 없었다. 어쩌다 원고 쓸 일이 있으면 고심하다 책상을 벗어나 밖으로 나왔다. 옅은 어둠이 내린 길을 이삼십 분 정도 걷다가 오면 머리가 맑아지면서 막혔던 부분이 뻥 뚫리는 것 같았다. 재미가 붙어 밤 산책을 시작했다.

9시 넘어 집을 나오면, 그날 기분에 따라 왼쪽이나 오른쪽으로 향한다. 걷다가 생각나는 게 있으면 가로등 아래에서 메모한다. 밤도둑의 사전 답사 같다는 생각이 든 적도 있다. 어느 밤, 순찰차가 다가오기에 성가신 일이 생길까 봐 차가 들어오지 못하는 좁은 뒷골목으로 잠입했다. 한참을 걷다가 이제 괜찮겠다 싶어 큰길로 나왔더니 라이트를 끈 순찰차가 기다리고 있었던 적도 있다. 역시 밤 산책은 여러모로 신경이 쓰였다.

밤이 안 된다면 아침밖에 없다. 이른 아침, 되도록 공기 좋은 곳을 걷기로 마음먹었다. 다양한 시도 끝에 황거(도쿄에 있는 일왕과 그 가족들이 살고 있는 궁성) 주변 도로를 한 바퀴 도는 게 제일 좋을 것 같았다. 6개월짜리 지하철 정기권을 사서 오오테마치나 구단시타까지는 전철을 이용하고 거기서부터 걸어가는 천하일품의 코스를 찾아냈다. 한조몬에서 해자(성 주위로 둘러 판 못)를 좌우로 보면서 완만한 언덕을 걸어간다. 오른쪽은 도로를 사이에 두고 국립극장과 최고법원이 있다. 황거 숲 위로 아침 해가 고개를 내민다. 성스러운 아침이다. 저절로 활기찬 기운이 느껴져 발걸음도 가벼워진다. 매일 이렇게 산책했다.

추운 겨울에 아침 5시 47분 지하철을 타려면 조금 각오가 필요하지만, 익숙해지면 아무것도 아니다. 한 편집자가 정기권을 사서 산책하는 것은 대단히 지혜로운 일이라며 칭찬해 주었다. 나야 뼛속 깊이 구두쇠 체질인지라, 애써 비싼 정기권을 사 놓고 사용하지 않으면 아깝다는 생각에 무리해서라도 걷게 된다. 자신의 쩨쩨함을 이용하는 방법이다. 폭풍우라도 치지 않는 한 매일 정기권을 이용할 수 있다.

멋진 경관과 함께 아침 바람을 맞으며 걷고 있노라면 어릴 적 흥얼댔던 노래가 절로 나온다. 일전에도 마주

친 적이 있는 외국인이 스쳐 지나며 "안녕하세요!"라고 인사를 건넨다.

한 강연에 초빙되었을 때다. 주최자 측 한 사람이 "의자를 마련해 놨으니 앉으셔서……"라고 친절하게 배려했다. 그러나 이 나이에 서서 하는 강연은 당연히 무리라고 생각하는 게 영 마뜩잖았다. 1시간이나 1시간 반 정도는 아무렇지 않게 서서 이야기할 수 있다.

"아까부터 걷는 발걸음이 연세 드신 분 같지 않다고 생각했습니다."

머리 쪽은 자신이 없지만, 다릿심 하나만은 확실하다. 수십 년이나 단련해 온 결과다. 비틀거리며 걷는 순간 나의 생은 다했다고 생각한다.

걷기는 단순히 다리를 움직이는 것만이 아니다. 머리도 좋아진다. 다릿심으로 생겨나는 지혜가 있다. 그렇게 믿고 일부러 산책한다. 그렇다면 이 다릿심의 유효기간은 언제까지일까. 슬슬 걱정되는 나이에 접어들고 있다.

말하기 운동으로
뇌를 깨워라

(목소리를 무시하지 마라)

한참 옛날에 참혹한 일이 잇따른 적이 있었다. 초등학교 교사들, 특히 갓 부임한 교사들이 픽픽 쓰러졌던 일이다. 원인도 전혀 알지 못한 채 원기 왕성한 청년들이 결핵에 걸려 생명을 다했다. 원인을 모르니 병을 예방할 길도 없었다.

그 무렵, 일반 사람들에게 교사라는 직업은 아주 편안한 일처럼 보였다. 힘쓰는 일도 아니고 매주 휴일이 있는 데다 여름에는 긴 방학이 있다. 왜 젊은 사람이 병에 걸리는지 의아해했다.

그러다가 언젠가부터 분필이 원인이라는 말이 퍼졌다. 어디서 나온 말인지 알 수 없지만, 교사들도 그 말을 믿었다. 교사는 흑판에 분필로 판서를 한다. 흑판이 차면 지우고 또 쓴다. 그때 분필 가루가 날리고 교사는 가루를 흡입하여 결핵이 된다는 설이다. 이 설이 홋카이도에서 아오모리, 규슈까지 퍼졌다. 예민한 교사는 손수건으로 입을 막고 흑판을 지웠다.

이것이 새빨간 거짓이라는 사실이 판명된 것은 전후戰後의 일이다. 초등학교 교사들이 결핵으로 쓰러졌던 원인은 과로였다. 그만큼 중노동에 시달렸던 것이다. 당시에는 의학이 뒤처져 있었고 무지했기에 이를 알지 못했다.

초등학교 교사는 담임이 전 과목을 담당하므로 모든 교과를 혼자 처리해야 한다. 자신이 담당한 반을 아침부터 오후까지, 점심시간을 제외하고도 대여섯 시간을 계속해서 가르쳐야만 한다. 계속 말을 해야 하는데 교실 구석구석까지 목소리가 닿지 않으면 아이들은 따라오지 않는다. 절반은 절규하듯 수업하니 녹초가 된다. 갓 부임한 교사는 특히 긴장하고 있어 그 피로를 느낄 여유도 없다.

바로 몇 해 전, 한 연구자가 새로운 학설을 제기했다. 목소리를 내는 행위는 엄청난 에너지가 필요하여, 교실에서 큰 소리로 수업하는 것은 가벼운 조깅과 맞먹을 만큼 피로하다는 학설이다. 그렇다면 초등학교 교사는 매일 대여섯 시간씩 조깅하는 셈이다. 허약한 사람이라면 쓰러져도 이상할 게 없다. 특히 그 시대는 영양이 부족했기 때문에 발병 위험이 더 컸다.

당시의 교원 양성은 지금에 비하면 훨씬 충실했다. 세세한 부분까지 일일이 가르쳤으나 발성 훈련은 전혀 하지 않았다. 외국에서도 하고 있지 않았으니 외국을 모방했던 일본의 교원 양성이 '목소리'를 무시했다고 한들 어쩔 수 없다. 현재도 교원 자격 취득을 위한 교직 이수 과목에 '발성 훈련'은 없다. 근대 교육이 갖추지 못한 것 중 하나다.

(말하기도 운동이다)

　　교사 중에 발성법을 잘 아는 사람은 드물다. 복식호흡으로 목소리를 내야 소리도 크고 울림도 좋다. 떨어져 있어도 목소리가 잘 들린다. 그런데 많은 교사가 흉식호흡을 한다. 흉식을 복식으로 바꾸려면 약간의 요령이 필요하다. 그냥 두면 영영 목소리를 제대로 낼 수 없다. 목소리를 크게 내면 복식호흡이 되는 경우가 많다.

　　옛날에는 소리꾼들이 지붕에 올라가 바람을 향해 큰 소리를 내며 목소리를 단련했다고 한다. 그렇게 훈련한 사람은 물론 복식호흡으로 발성했을 것이다. 마이크가 없던 시대에 관객에게 목소리가 잘 전해지게 하려면 복식호흡으로 발성하는 수밖에 없었다. 보통 사람은 이를 알지 못하고 일생을 마친다. 교사들도 알지 못한 채 일을 시작하여 뜻하지 않게 병마에 시달린다.

　　발성을 운동의 한 종류로 생각하면 목소리를 내는 게 건강에 아주 이로움을 알 수 있다. 하지만 발성이 좋은 운동이라는 학설은 제대로 인정받지 못하고 있다. 그런 중에 후생성(보건복지부 역할을 하는 일본의 정부 부서)이 운동량을 '엑서사이즈exercise'로 표기하도록 한 것은 진보한 생각이었다.

전쟁이 끝나고 '운동'이라는 말이 노동운동, 학생운동 등에 사용되어 정치적 뉘앙스를 갖게 되면서 부정적인 이미지가 굳어졌다. 옛날에 '운동회'에 쓰이던 운동과 차츰 멀어졌다. 그런 점을 고려해서인지는 알 수 없지만 '엑서사이즈'라는 말을 만들었다. 꽤 신선하다. 그런데 어찌된 일인지 보편화가 늦어지고 있다.

후생성의 엑서사이즈도 산책, 운동, 정돈 작업 등 다양한 예를 들고 있지만, 그 안에 '말하기'가 빠진 것을 보면 역시 인지되지 않다. 이렇듯 말하기, 특히 큰 소리로 말하기가 상당한 운동이 된다는 학설은 많은 사람에게 인정받지 못하고 있다.

머리를 사용하는 생활을 하는 사람은 운동 부족이 되기 쉬우므로 보통 산책을 한다. 더 적극적인 운동을 하는 사람도 늘고 있다. 그런 사람들도 말하기가 몸에 좋다는 사실을 알지 못한다. 발상의 전환이 필요하다.

책을 읽거나 자료를 찾는 생활에서는 무심코 말하는

것을 잊기 쉽다. 게다가 현대에는 계속 앉아 있으면 심신에 매우 좋지 않다는 상식이 없다. 인간은 말하는 동물이다. 가만히 혼자서 오랜 시간을 보내는 사람은 특이한 사람이다.

(상대가 있어야 말도 하지)

이야기에는 상대가 필요하다. 가족이 상대해 준다면 더할 나위 없지만, 많은 경우 중년이 지나면 가정 내 대화가 거의 사라진다. 쉴 새 없이 다투는 가족은 '말하기 엑서사이즈' 측면에서 본다면 아주 건강하다. 사소한 다툼도 없을 만큼 대화가 적은 가정도 부지기수다.

학교 동창도 이야기 상대로 그리 매력적이지 않다. 노인들 동창회에서는 대부분 지병이나 손주 자랑으로 시끌벅적하다. 그런 모임에서 말하기 운동을 하는 것은 무리다. 어쨌든 이야기 상대는 필요하다. 차를 마시며 담소를 나눌 수 있는, 친구 같은 이야기 상대 말이다.

정기적으로 모여 하고 싶은 이야기를 맘껏 한다. 상

대가 한 사람이면 재미가 없다. 두세 사람도 적고 대여섯 명은 있어야 한다. 되도록 다른 분야 사람이 좋다. 동종 업계 사람이 모이면 아무래도 이야기가 피상적으로 흐르기 쉽다. 그러면 '아무렴 어때', '좋은 게 좋은 거지'라고 적당히 넘어가는 일이 많아져 재미가 없다.

각자 다른 일을 하고 있으면 묘한 경쟁심도 일지 않고 서로 모르는 부분을 채워줄 수도 있어 자긍심을 높일 수 있다. 이 또한 즐거움이다. 이야기에 물이 오르면 시간 가는 것도 잊는다. 산책보다 훨씬 낫다. 다만 산책처럼 규칙적으로 할 수 없어 아쉬울 따름이다.

(이야기 모임을 즐기자)

멤버 모두가 일을 하면 한 달에 한 번 정도밖에 모일 수 없다. 그래도 물론 효과는 있지만 조금 떨어지기 마련이다. 엇비슷한 이야기 클럽을 두 개 만들면 월 2회의 말하기 엑서사이즈가 가능하다. 만나면 역시 가벼운 식사를 한다. 예로부터 먹으면서 이야기하는 즐거움이야 어디 비할 데가 없었지만, 이런 지적 대화 모임에서 이야기하면서 먹는 음식은 산해진미 못지않다. 다만 말을 하면서 식사를 하면 음식이 목에 걸리기 쉬우니 조심해야 한다.

사람 이름이 언급되면 가십이나 험담이 되기 쉽다. 가능한 한 사람 이름은 꺼내지 않는다. 되도록 과거 이야기가 아닌 미래를 향한 건설적인 이야기를 계속하면서 즐긴다. 그렇게 하면 확실히 두뇌 활동이 좋아진다. 그런 가설을 바탕으로 염려하지 않고 뭐든 생각을 말해 본다. 아마 이보다 더 즐거운 일은 없을 것이다.

모임 날짜를 그때그때 정하기가 성가셔서 한 가지 계책을 생각해냈다. '겹치는 날'로 정하는 것이다. 1월 1일은 특별히 예외로 하고 2월 2일, 3월 3일, 4월 4일처럼 월과 일이 겹치는 날로 정하면 잊어버릴 염려도 없고 이후에도 쭉 날짜가 정해져 편리하다.

벌써 10년째 이어지고 있지만, 이런 모임이 하나로 한정되는 것은 유감이다. 그래서 세 번째 목요일에 모이는 삼목회三木會, 첫 번째 토요일에 모이는 일토회一土會도 만

들었다. 모임 이름이야 얼마든지 변경하면 그만이다. 이런 자리는 몸과 마음에 좋은 영향을 끼친다는 것을 멤버 모두가 어렴풋이 느끼고 있는 듯하다. 몸이 좋지 않아 결석하는 일도 좀처럼 없다.

우리는 예로부터 크게 말하는 것은 점잖지 못한 일이라고 배워 왔다. 특히 여자는 목소리를 크게 내어서는 안 된다고 교육받았다. 영국에는 "아이는 보이기만 해야지 들려서는 안 된다Children should be seen and not heard"라는 수수께끼 같은 말이 있다. 남 앞에서는 가만히 있으라는 교훈이다. 역시 말하는 것은 좋지 않음을 강조하고 있다.

하지만 이는 아이에게 해당하는 말이다. 영국인은 클럽을 만들어 이야기하는 즐거움을 누리는 데 성공했다. 우리는 우리 나름의 건전한 '이야기' 문화를 만들 수 있다.

잘 듣는 사람이
말도 잘한다

(말하기도 배워야 안다)

일본에서는 잘 알려지지 않았지만, 일본인의 서툰 말재주는 국제적으로도 유명하다. 미국에서는 "뭐? 일본인이 연설한다고? 엄청나겠군. 소화제를 준비해 둬야겠어"라고 말할 정도다. 연설은 보통 식후에 한다. 재미없는 연설을 듣고 먹은 게 소화되지 않는다는 미국식 조크다. 일본어로도 제대로 말할 줄 모르는 일본인인데, 영어로 하는 연설이 재미있을 리가 없다.

왜 일본인은 말재주가 없을까. 그런 시답잖은 생각을 할 만큼 한가한 사람이 없어 원인은 모르겠지만, 아무튼 일본인은 전통적으로 말을 못 한다.

태어났을 때는 다른 나라 아기와 다른 점이 없으니, 생후 언어 환경이 영향을 끼쳤을 수밖에 없다. 어른이 말을 대강 사용하니 젖먹이도 그렇게 말을 익힌다. 본보기가 좋지 않으니 말을 대강 습득하여 평생 손해를 본다. 이를 변별하는 사람 또한 지극히 적다. 가정에서 말이 부실하니 일본인은 지적으로 얼마나 큰 손실을 보아 왔을까.

내 어린 시절을 돌이켜 봐도 말을 잘하는 선생은 없었다. 글쓰기가 뛰어난 선생은 몇인가 있었다. 물론 선생들은 교실에서 말로 수업을 진행했지만, 아이들은 그 말을 그냥 흘려들었다. 마음에 남는 말을 하는 선생은 적어도 내가 다녔던 시골 학교에는 없었다. 대부분 선생은 교실의 공기를 살짝 울리게 할 뿐이었다.

초등학교 3학년 때의 어느 날, 전교생이 교정에 모여 정치가 오가사와라 산쿠로 씨의 연설을 들었다. 노천 단상에 서서 오가사와라 씨는 "여러분 모모타로 이야기(일본 전설에 등장하는 모모타로라는 소년 영웅의 이야기)를 알고 있나요?"라고 말을 꺼냈다. 무시당해서는 안 된다, 그 정도도 모른다면 창피한 일이다, 아이들은 그렇게 생각했을 것이다.

그는 "그렇다면 왜 모모타로가 위대할까요? 모르나요?"라고 되물었다. 1학년이 이해했을지는 모르겠지만, 3학년이었던 나는 10분이 채 되지 않는 오가사와라 씨의 훈화를 탐하듯이 들었다. 수십 년이 지난 지금도 간간이 떠올라 그립고 감사한 마음이다.

오가사와라 산쿠로 씨는 그 무렵 아마 초선 국회의원이었을 것이다. 미카와(지금의 아이치 현의 동쪽) 출신은 메이지 시대 이후, 도쿠가와 이에야스 가家의 본거지였다는 이유로 삿초(지금의 기리시마 현의 서부 지방과 지금의 야마구치 현의 서북부 지방) 세력에 압박당해 모두 움츠리고 살아야 했다. 군인이 되어도 영관(소령, 중령, 대령의 통칭)이 되면 예비역으로 편입되었다. 즉, 잘렸다. 관리들도 지사는 물론 군수까지 신정부계 사람들에게 점령당하고 있었다. 전쟁 전에는 국회의원도 장관도 한 사람도 나오지 않았다. 오가사와라 씨는 그런 시대에 국회의원이 되었다. 전후 요직에 오른 이례적인 실력자다. 젊은 나이에 초등학생의 마음에 평생 남을 말을 들려줄 수 있었던, 드문 사람이었다.

　　초등학교, 구제 중학교(일본이 2차대전 패망 전까지 존재했던 정규 인문계 중등교육기관)에서 말하기 교육을 받은 적은 없다. 가르치는 시간도 없었다. 선생이 말을 못 하니 학교에서 말하기 공부를 한다는 건 생각도 하지 못했을 것이다.

　　전쟁에 패하고 미국에서 교육 시찰단이 와서 일본의 학교 교육을 점검한 다음 개선을 권고하였다. 그러던 중에 일본어 교육이 읽기에 치우쳐 있어 쓰기 지도가 불충분하고 말하기와 듣기 지도가 전혀 되어 있지 않은 게 중대한 결함이라 지적하며 읽기, 쓰기, 말하기, 듣기를 모두 병행하도록 지시했다.

　　미국이 하는 말이니 모른 척하기도 어렵다. 초등학교 1학년 일본어 교과서 첫 부분에 말하기와 듣기 지도용 교재가 들어왔다. 그러나 원래 의욕이 없었으니 언제라고 할 것도 없이 스르르 자취를 감췄다. 말을 잘 못하는 선생에게 말하는 법을 가르치라고 한 게 이상한 일이 아닐까.

(귀를 열면 입이 열린다)

　　얼마 전 수도권에 있는 한 재단의 중고 사립학교와 갈등이 있었다. 그 학교로부터 강연을 부탁받았는데, 학교 측이 중학교 1학년부터 고등학교 3학년까지의 학생 중 희망자만 강연을 듣게 한다는 게 아닌가.

　　어째서 전교생에게 듣게 하지 않는가, 희망자에게만 듣고 싶으면 들으라고 하는 것은 실례라며 나는 깐깐하게 나갔다. 당신 이야기 따윈 중요하지 않으며 듣고 싶어 하지 않는 학생도 적지 않다고 말하는 것이나 다름없지 않은가. 강사를 모욕하고 있다고 항의했더니 전교생이 모이면 떠들거나 자는 학생이 있어 희망자만 듣게 한 것이라고 교사가 변명했다.

　　그거야 학교 측 사정이다. 희망자만 듣게 하는 것은 학교의 자유라고 해도 멀리서 찾아온 강사에게는 달갑지 않은 이야기다. 게다가 그 사실을 굳이 알려 주다니 이런 무신경한 처사가 있단 말인가.

　　그 와중에 40여 년 전의 일이 떠올랐다. 모교인 중

학교가 지금은 고등학교가 되어 창립 50주년을 맞았다며 졸업생인 나에게 기념 강연을 의뢰했다. 교장은 전공이 다르지만 같은 해에 대학을 나온 사람인지라 숨김없이 툭 터놓고 부탁하는 편이다. 그는 강연을 되도록 짧게 해달라고 했다. 학생들이 외부 강사의 이야기가 30분 이상 이어지면 떠들기 시작한다는 것이다. 어쩌다가 학교가 이리도 불쌍해졌을까. 기가 차서 갈 기분이 나지 않아 난감했던 그 일이 떠올랐다.

고교생이 강연을 듣지 않는 것은 전국적으로 흔한 일이다. 예전에 시인 니시와키 준자부로 씨가 야마나시 현의 명문 고교에서 강연한 적이 있다. 이 시인의 이야기는 형언할 수 없을 만큼 운치가 뛰어난 것이 특징이다. 시골 고교생이 이해하기는 어렵다. 학생들은 당연히 지루해져 떠들기 시작했고 이에 화가 난 시인은 강연을 중단하여 학교 측을 당혹시켰다.

이야기의 힘을 알지 못하는 고교생에게 시인의 강연을 듣게 하는 자체가 무모한 계획이었다. 학생들이 어떻게 반응할지 예상치 못할 만큼 교사의 귀도 불량스러웠음은 말할 것도 없다. 요전에 중고 사립학교에서 있었던 일과 비슷한 걸 보니, 그동안 40여 년의 세월이 흘렀건만 나쁜 귀는 전혀 달라지지 않았음에 기가 찼다.

들는 귀를 갖지 못한 벽창호 학생에게 이야기하려면 오가사와라 산쿠로 씨와 같은 화법이 필요하다. 하지만 우리 같은 범인은 그런 흉내를 내기 어렵다.

그렇다면 듣는 사람을 선택하는 수밖에 없다. 그렇다고 희망자만 듣게 하는 만만한 방식을 취해서는 안 된다. 이삼십 명의 열심인 학생을 테스트로 선발한다. 5분 정도 이야기를 들려주고 그 요지를 400자 정도로 정리하게 한다. 그 테스트 점수가 높은 사람을 선발하는 것이다.

교사와 학생은 테이블을 에워싸고 이야기를 듣는다. 그런 다음 질문이나 감상을 늘어놓는다. 이런 학습을 반복하면 우수한 경청자를 양성할 수 있다. 우수한 경청자는 우수한 연설자가 될 수 있다. 서로의 총명함을 높일 수 있다. 귀의 현명함을 뜻하는 총聽이 눈의 현명함보다 상위에 있음을 생각한다면 말의 힘이 얼마나 큰지 깨닫게 될 것이다.

봄이 오면 움직이자

(꽃 피는 계절이 오면)

"오랜만입니다. 신수가 훤하시네요."

라디오 체조(라디오에 맞추어 보통 아침 일찍 행하는 일본의 국민 체조) 친구가 그렇게 말하며 인사를 건넨다. "죽은 줄 알았다"라고 말하려는 듯한 표정이어서 조금 우스웠다. 아무튼 나는 꿋꿋이 살아 있다.

라디오 체조를 이 기타노마루공원에서 시작한 게 언제였던가. 집 근처 공원에도 라디오 체조회가 있지만,

가까워 긴장감이 없다. 지하철로 구단시타까지 가서 기타노마루공원의 라디오 체조에 합류한다. 언젠가 "이 공원은 일본 최고의 라디오 체조장이 아닌가요?"라고 말했더니 옆에 있던 노인이 "그렇고말고요"라며 응수해 주었다.

올해 겨울은 어찌나 추운지 아침에 일어나지 못하는 날이 계속되어 라디오 체조를 게을리했다. 체조는 6시 반부터 시작하지만, 기타노마루공원의 체조 시간에 맞추려면 5시 45분 지하철을 타야만 한다. 사람 얼굴도 제대로 보이지 않는 공원에서 체조하는 게 귀찮아져 게을리하기 시작했다. 감기를 핑계 삼아 쉬는 날이 쭉 이어졌다.

3월도 중순이 지날 무렵부터 어쩐지 활력이 솟는 듯했다. 건강이 좋아진 것이라 생각하며 다시 라디오 체조를 하기로 마음먹었다.

오랜만에 얼굴을 내미니 친구가 기뻐해 주는 게 고맙다. 이비인후과 노의사는 늘 그랬듯이 강아지를 데리고 왔다. "귀엽군요" 하고 칭찬하니 "이 녀석은 3월 11일에 태어났다고 해서 데려왔어요. 아버지와 어머니가 해는 달라도 3월 11일에 돌아가셨거든요. 이 녀석과 연이 있다는 생각이 들더라고요" 하고 답했다. 내가 "부모님의 환생인가 보군요"라고 했더니 "그런 셈이네요"라며 과장되게 맞장구를 쳤다.

주위는 푸르고 아름답다. 벚꽃은 아직 봉오리지만 꽤 발그스레하다. 체조를 하면 늙은 몸이 반듯해져 기분이 상쾌해진다. 반년 정도 마음이 무거웠던 것이 마치 거짓 같다. 이 정도라면 나도 아직 할 수 있다. 마음속으로 호언장담을 한다. '어쩌면 회춘할 수도 있지 않을까' 하는 착각은 나 자신의 힘이 아니라 봄의 활력 덕분임을 알게 되었다. 새싹이 돋고 꽃이 피고 나무가 자라는 것도 모두 봄 덕분이다. 인간도 그 은혜를 받고 있을 뿐이다.

언젠가 택시에 탔을 때 기사가 "꽃 피는 계절에는 손님들도 좋아요. 팁의 단위가 다르거든요" 하며 웃었다. 그뿐만이 아니다. 옛날 나와 같은 반이었던 한 친구는 마음의 병을 앓고 있는데, 평소에는 조용하다가 봄만 되면 이상한 전화를 걸어온다. 몇 년째 그렇다. 봄기운에 북돋워져 들뜬 것일까.

(체조도 봄이 제철)

새 학기를 봄에 시작하는 관행은 자연의 섭리에 따르는 것이다. 그렇게 생각하고 있었기에 도쿄대가 9월 입학을 검토 중이라는 뉴스에 놀라 조금 화가 났다. 봄의 편으로서 가만히 있을 수가 없었다.

변경하려는 이유 또한 어이가 없다. 우수한 학생을 늘리지 않으면 국제 경쟁에서 도태되는데, 유학생은 9월 입학이 아니면 오지 않는다는 것이다. 도쿄대는 국립대학이다. 국민의 세금으로 운영된다. 먼저 자국 학생을 소중히 하여 훌륭한 인재로 키우기를 바란다. 유학생은 그다음이다. 그것을 역전시켜서는 안 된다.

더 안 될 일은 모든 사물이 생동하는 봄을 버리고 잎이 떨어지고 추워서 자꾸만 움츠러들어 겨울에 가까워지는 가을로 입학 철을 옮기겠다는 발상이다. 훌륭한 교수들이 모여 생각한 것이니 진짜 이유는 아마 따로 있을지도 모른다. 아무튼 봄을 소홀히 해서는 안 된다. 봄이 운다.

살날이 얼마 남지 않은 전직 노교수가 그런 걱정까

지 할 필요는 없다. 하지만 나는 봄의 은혜를 입고 작은 르
네상스를 일으킨다. 그 봄이 매년 우리를 찾아오니 얼마나
고마운 일인가.

　　요즘 의사는 노인 환자를 붙들고 입버릇처럼 "나이
가 있으니까, 나이가 있으니까"라고 한다. 그래서 노인의
마음은 한결 더 나이 듦을 실감한다. 인술仁術의 어리석음
이다. 봄기운에 따라 움직이다 보면 나이 따윈 개나 줘버
리라는 생각이 든다. 겨우내 분명 체력도 붙었지만, 무엇
보다도 기분이 고양된다. 나이 따윈 잊고 언제까지나 일할
수 있을 듯한 에너지가 솟는다.

　　해마다 봄이 되면 작은 르네상스를 반복하며 늙기
는커녕 다시 젊어진다. 가령加齡(새해가 되어 나이를 한 살 더 먹음)
이란 말은 있어도 감령減齡이라는 말은 없다. 없으면 만들
자. 봄이 오면 나이 듦은 감령할 수 있으니 가령의 코를 납
작하게 해버리자. 그런 생각이 진지하게 드는 것도 봄기운
이 너무 강해서 생기는 불장난 같은 게 아닐까.

　　라디오 체조도 봄이 제철이다. 온몸에서 원기가 뿜
어져 나오는 듯하다. 오늘 아침도 체조를 마치고 벤치에

앉아 있는데, 공터 저편에서 낯익은 노숙자가 다가왔다. 이 라디오 체조장의 유명인으로 나도 몇 해 전부터 얼굴이 익었다.

"담배 한 개비 있습니까?" 하며 담배 피우는 시늉을 하는데, 왠지 귀여웠다.

"난 안 피우는데…… 담뱃값을 좀 드릴까요?" 하며 마침 몇 개 갖고 있던 동전을 건넸다.

"고맙수다. 선생."

그는 극진히 예를 표했다. '선생'은 지나치지만, 기분이 나쁘지는 않았다.

그런 다음 지도리가후치(황거 북서쪽에 있는 연못) 주변을 걸었다. 벚꽃이 늦어지긴 했지만, 드문드문 피어 있었다. 도저히 가만히 있을 수 없어 낮은 목소리로 흥얼거리기 시작했다. 산책 중에는 그리운 옛 노래가 그만이다. '고향', '나는 바다의 아들' 등이 좋지만 봄에는 '애국 행진곡'이 좋다.

보라 동쪽 바다의 하늘 밝으며

아침 해 드높이 빛나면

천지의 정기 발랄하게도 ……

노래를 흥얼거리다가 쓰다가 만 원고가 떠올랐다. '그래, 재미있는 생각이 났어. 얼른 돌아가서 쓰자.' 저절로 발걸음이 빨라진다. 이것도 봄기운 덕분인가 보다.

밥 먹고는
아무것도 하지 마라

(밥 먹고는 무조건 쉰다)

병원에서 약을 받았다. 먹는 약 봉투에는 식후 혹은 식전에 복용하라는 지시가 있다. 식전은 적고 대부분 식후인데, 왜 식후일까 항상 의아했다. 지금까지 그 이유를 말해 준 의사는 없었다.

그래서 멋대로 생각했다. 효과 측면에서 봤을 때, 음식을 먹은 다음보다는 위가 비어 있는 식전이 낫지 않을까. 그런데도 식후에 약을 먹으라고 하는 것은 약의 성분이 강해서 공복에서는 효과가 너무 잘 나와 오히려 해를 주기 때문이 아닐까. 음식이 들어간 다음이라면 약효는 떨어져도 해는 적지 않을까. 그런 이론을 갖다 붙이고 감기약 등은 일부러 식전에 먹는다.

일은 약이랑 다르지만, 식후에 하는 것으로 정해 놓은 사람이 많다. 젊은 시절, 존경하는 은사에게 "아침에는 공부하지 않는다"라고 말씀드리니 "배가 고파서는 힘이 나지 않는 법이야. 배가 고프면 싸울 수가 없어. 나는 배를 든든하게 채워 둔다네!"라고 말씀하신 적이 있다. 은사는 식후주의자였던 것이다.

힘쓰는 일이라면 그렇게 해도 괜찮다. 옛날 농가에서는 아침 일찍 된장국에 밥으로 식사했다. 온난한 지방에서는 된장국을 먹지 않는다. 새로 밥도 짓지 않고 식은 밥을 물에 말아 식사를 끝내는 곳도 있다. 하지만 추운 지방에서는 따뜻한 밥과 된장국으로 몸을 데우지 않으면 일할 수 없다는 것을 경험으로 안다. 은사는 그런 한랭한 지역의 출신이어서 아침 식사를 중시하여 일하기 전 식사하는 습관이 있었을 것이다.

그래서 나는 상당히 오랫동안 아침 식사를 어떻게 할 것인지 고민했다. 아침 늦게 일어나면 여유롭게 식사할 시간이 없다. 그보다 더 문제는 식사한 직후에 머리가 움직이지 않는다는 점이다. 중학교 때 점심을 먹고 오후 수업을 들으며 심하게 졸았던 기억이 떠올랐다. 그것은 식후 공부를 거부하는 합의였을지도 모른다. 학교는 아주 좋지 않은 습관을 갖고 있다고, 지금까지도 이따금 생각하곤 한다. "부모님이 돌아가셔도 식후에는 휴식"이라는 옛말은 역시 옳다. 인간은 태생적으로 식후에는 천천히 휴식하게 되어 있는 게 아닐까 싶다.

(밥 먹기 전이 기회다)

점심이나 저녁이라면 식후 휴식쯤이야 마음만 먹으면 아무것도 아니지만, 아침은 일이 밀려 있어 초조해지므로 유유자적할 수가 없다. 아침 식사 후 한숨 돌릴 수 있는 사람은 현역이 아닌 사람 정도다.

오랫동안 다양하게 생각하고 시도해 본 끝에 머리를 사용하는 일에 적합한 시간은 아침, 점심, 저녁 순이라는 결론에 이르렀다. 근무가 있으면 점심시간은 자유로울 수 없다. 아침과 저녁, 식사 전이 적합하다는 것을 알긴 알겠는데 좀처럼 시간을 낼 수가 없다.

젊을 때는 아침까지 늦잠을 자느라 식전에 시간을 낼 수가 없었다. 아무리 아침 식사 전에 일이 하고 싶어도 시간이 나지 않는다. 저녁까지 일이 있을 때 식사 전에 차분하게 앉아 일하는 것도 만만치 않다. 즉 머리를 사용하는 일을 하는 데 좋은 시간은 없는 셈이다.

과감하게 아침 식사를 거르기 시작한 것은 30대 중반부터다. 아침을 거르면 나가기 전까지 시간을 확보할 수 있어 '아침 식사 전의 일'이 가능하다. 해보니 썩 괜찮다. 밤에는 시간을 들여도 제대로 할 수 없었던 일이 거짓말처럼 말끔하게 정리되기도 하여 기분이 좋다.

아침 식사를 거르면 몸에 좋지 않다고 염려하는 사람에게는 "아니, 조금 늦어질 뿐……"이라고 답한다. 영어에 브런치brunch라는 말이 있다. 아침breakfast과 점심lunch의 합성

어다. 브런치로 두 끼를 해결하면 시간이 많이 절약된다.

집중이 필요한 일을 할 때는 배가 부르면 안 된다. 음식을 먹은 다음에는 집중하기가 어렵다. 한 베테랑 아나운서가 저녁에 중요한 방송이 있을 때는 그 전에 식사다운 식사를 하지 않고 먹어도 아주 가볍게 먹는다고 알려 주었다. 브런치도 비슷한 방식이다. 머리가 잘 움직이게 하려면 공복이 최고다.

점심에는 생각대로 되지 않는다. 저녁부터 밤까지가 또한 골든 타임이다. 배가 비어 있어 머리가 잘 돌아간다. 운동도 공부도 잘하는 사람은 대부분 저녁 시간을 잘 활용한다. 심하게 몸을 움직여 땀을 흘린 후도 아침 식사 전에 뒤지지 않을 만큼 지적 활동에 적합하다. 이때 짧게라도 공부할 수 있다면 두 마리 토끼를 잡을 것이다.

사람들은 일이 끝나면 뭔가를 먹는다. 조금만 먹을 요량이었어도 상당한 양이 되기 쉽다. 배가 부르지 않아도 음식이 들어오면 몸이 피로해진다. 졸음이 쏟아진다. 도저히 공부가 안 되어 아예 잠을 청하기도 한다. 무리하게 공부해서는 머리에 들어오지도 않고 건강에도 좋지 않다.

직장인에게도 저녁 식사 이전은 지적 활동에 적합하지 않다. 배가 허전하니 동료와의 술자리 생각이 간절해진다. 혼자 도서관에서 1시간이라도 자기 공부를 하면 엄청나게 발전할 수 있다. 잠자기 2시간 전쯤에 저녁 식사를 하는 게 가장 바람직하지만, 그보다는 어떻게든 저녁 식사 전에 시간을 확보하는 것이 진정한 생활의 지혜다.

저녁 식사 후에는 머리도 몸도 지쳐 하루 중 최악의 컨디션으로 텔레비전 예능 프로그램을 보는 정도가 고작이다. 공부에는 적합하지 않다. 학생들이 밤샘 공부를 했다며 자랑하는 것은 더없이 어리석은 행동이다. 심신 모두 큰 해를 입는다. 요즘은 예전처럼 밤샘 공부나 철야 근무를 자랑으로 삼는 사람이 줄었는데, 이는 좋은 흐름이다. 밤샘은 백해무익이다.

과장해서 말하면 아침은 금, 점심은 은, 저녁 식사 이전도 역시 은이다. 저녁 식사 후는 금방 동이 되고 더 늦어지면 돌이 된다. 돌의 시간에 머리를 사용하면 돌머리가 될 우려가 있다.

가끔은 감기도 걸려야
건강에 좋다

(넘어지지 마라)

기시 노부스케 전 총리의 '노인 삼훈三訓'인지 뭔지, 아무튼 그걸 듣고서는 감탄했다. 나는 정치에 무관한 사람인지라 정치가에는 관심이 없다. 그러나 그 무렵 기시 씨는 인망이 두터운 진보 사상가로부터 심하게 나쁜 말을 들었지만 주춤하지 않았다. 이런 점에서 기시 씨의 이 명언에는 깊이 감동했다.

그 기시 씨의 삼훈이다.

넘어지지 마라.

감기 걸리지 마라.

체면을 버려라.

이 말을 듣고 기시 씨가 인간적으로 대단한 사람이라는 생각이 확고해졌다. 단순히 머리만 좋아서는 이런 말을 할 수 없다. 그 직전에 정치가 이시바시 단잔 씨가 체면상 참석했던 하례회에서 감기에 걸려 위중한 병으로 악화되는 바람에, 막 거머쥔 수상 자리에서 물러나야만 하는 일이 있었다. 그런데 이렇게 거침없이 잘라 말하는 모양새를 보니 기시 씨는 역시 보통 인물이 아니다.

당시 미국에서는 노인 활성화 운동 같은 것이 일어나면서 매스컴에서 스타일리시 에이징(멋있게 나이 들자)이라는 구호를 들먹이기 시작했다. 미국의 것이라면 사족을 못 쓰는 멍청한 일본의 매스컴이 부탁받은 것도 아니면서 스타일리시 에이징 운운하며 기시 씨의 삼훈을 앞장서서 선전해 댔다. 그렇게 하면 우리도 은연중에 함께 왁자지껄 떠들어대게 된다.

스타일리시 에이징을 이끌었던 사람은 지적인 직업을 가졌던 퇴직 여성으로 역시 세 가지 규칙을 내걸었다.

초대는 절대 거절하지 마라.
자꾸자꾸 사람을 초대하여 대접하라.
누가 뭐래도 사랑하라.

마지막 구절에는 괜히 머쓱해지기도 했지만, 모임에 빠지지 마라, 자꾸자꾸 사람을 초대하라는 말은 정치가가 들으면 옳거니 생각할 것이다. 하지만 허구한 날 먹고 마시다 보면 대사증후군인지 뭔지에 걸려 아무리 꼬드겨도 연애 따윈 꿈도 못 꾸게 된다. 요컨대 스타일리시 에이징은 머리로 날조한 공기 같은 구호에 지나지 않는다.

정치가가 아닌 노인은 체면상 움직일 일이 적다. 없다고 봐도 좋다. 기시 씨의 삼훈 중 '넘어지지 마라'는 말도 얼마든지 따를 수 있다. 젊을 때 유도 낙법을 배워 두면 굴러도 넘어질 염려는 없다. 넘어져도 스스로 놀랄 만큼 무사하다.

(징글징글한 감기)

　　기시 씨의 삼훈 중 가장 중요한 것은 '감기에 걸리지
마라'이다. 나는 일생 감기와 악연이었다. 감기에 걸리고
싶지 않은 마음이야 굴뚝같아 항상 노심초사하는데도, 옴
팡지게 감기에 걸리고 만다. 감기 생각을 하면 비관에 빠
질 정도다.

　　중학생 무렵까지는 감기라는 병이 있다고만 알고
있어서 가끔 걸려도 별거 아니라고 생각했다. 바로 낫겠지
싶었고 몸이 좋지 않아도 학교를 쉴 만큼은 아니었다.

　　도쿄로 와서 비로소 징글징글한 감기에 걸리게 되
었다. 도쿄의 감기는 시골의 감기와 어딘가 달랐다. 도쿄
사람들이 다 싫어질 무렵이라, 도쿄는 감기까지 나쁘다고
엉뚱한 화풀이를 해댄 적도 있다.

　　그 와중에 도쿄의 감기는 천식 발작이라는 나쁜 친
구를 데려와 한층 상태가 나빠졌다. 시골에 있을 때도 다
소 호흡이 이상하다고 느낀 적은 있었으나 천식은 아니었
다. 한창인 나이에 천식이라니, 창피해서 천식 기미가 있

다는 사실을 아무에게도 말할 수 없었다. 내버려두면 점점 심해져 숨이 턱턱 막힐 지경이었다. 그런데도 의사에게 보이지 않고 그냥 참았다.

　　어쨌든 감기가 문제였다. 감기만 걸리지 않으면 천식은 혼자서 찾아오는 법이 없었다. 하지만 이윽고 날이 서늘해지면 감기 혼자 찾아와서는 떡하니 버티고 눌러앉아 떠날 줄을 모른다. 그 무렵 천식은 노인병이었다. 소아 천식이라는 말은 거의 듣지 못했다.

　　사회로 나온 뒤에야 천식 치료를 시작했다. 처음 부임한 중학교에 대학 병원 교수 아들이 있었는데, 교실에서 내 숨소리를 듣고 천식으로 판단하여 자기 아버지한테 이야기한 모양이었다. 이 아버지도 젊은 시절에 천식으로 고생하다가 자력으로 극복한 경험이 있다며, 한 번 찾아오라는 소식을 전해왔다. 흰독말풀 분말을 볶아 그 연기를 흡입하면 좋다고 가르쳐 줘서 상당히 도움이 되었다.

　　그렇게 천식은 누르는 데 성공했지만, 감기가 문제였다. 가을 초입에서 겨울, 봄까지 몇 차례나 걸렸다. 감기에 걸려도 의사에게 간 적은 거의 없다. 의사가 처방해 주는 약은 듣지 않았다. 흰 가운을 입은 의사 앞에만 가면 가슴이 두근거려 감기 정도로는 의사에게 가지 않았다.

약도 가능한 한 먹지 않았다. 듣는 약이 없었기 때문이다. 예전에 도후쿠 지방 한 도시의 지역 신문에 약국의 감기약이 들은 선례가 없다는 칼럼을 썼더니, 그 마을 약사인 듯한 사람이 익명으로 항의를 해왔다. "약국 약은 듣지 않고 병원에 가면 낫는다는 것은 미신이다. 감기에 걸리는 것은 긴장하지 않고 있기 때문이다. 긴장하고 있으면 감기에 걸리지 않는다"라는 내용이 쓰여 있었다.

도후쿠에는 상당히 다혈질인 약사가 있구나 싶었지만, 긴장하고 있으면 감기에 걸리지 않는다는 말에는 동의했다. 대부분은 긴장이 풀려 감기에 걸린다. 이 약사는 장사를 떠나 감기에 걸리지 않는 방법을 가르쳐 주었다. 이 약사 양반은 모두가 긴장하여 감기에 걸리지 않아도 웃을 만큼 배짱이 두둑한가, 라는 쓸데없는 걱정도 해보았다.

현대 의학은 암을 퇴치하는 힘은 갖고 있어도 감기를 뚝 떨어지게 하는 힘은 없는 모양이다. 어느 의사는 목욕을 싫어하는지 감기에 걸리면 목욕을 하지 말라고 한다.

며칠이 지나도 낫지 않으면 몸은 때 범벅이 된다. 이 방식은 독일 의학에서 유래된 듯하다. 일본은 독일식을 따르기 때문에 목욕은 안 된다, 따뜻하게 해서 자라고 한다. 하지만 그래서는 감기는 낫지 않는다.

(가끔은 감기에 걸려야 좋다)

감기가 점점 심해져 괴로워지자 새로운 생각에 이르렀다. 우리는 가끔 감기에 걸려야 한다. 감기에 걸리는 것이 더 큰 병을 예방할 수 있다. 감기가 오히려 건강을 지켜 준다고 생각했다.

감기 한 번 걸린 적이 없다고 자만하던 사람이 잠깐 병을 앓다가 순식간에 세상을 떠나기도 한다. 병원 문턱이라고는 가본 적이 없다며 자만하던 친구는 40대에 죽었다. 늘 감기와 천식을 달고 살던 나 같은 약골이 이 나이까지 살아 있다. 어쩌면 감기 덕분일지도 모른다. 그렇다면 적당히 감기에 걸려 주는 게 건강에 좋은 셈이다.

감기도 걸리지 않고 약도 먹지 않는 사람은, 비유하자면 고속도로를 쌩쌩 달리는 자동차다. 브레이크 거는 것을 잊었을지도 모른다. 그와 반대로 감기에 걸리는 사람은 신호가 많은 일반 도로를 달리는 차와 닮았다. 달리려고 해도 금방 적신호, 좀 달린다 싶으면 또 신호에 걸려 달리고 싶어도 속도를 낼 수 없지만, 사고로 이어질 우려는 적다. 고속도로를 쌩쌩 달리는 차는 적신호를 무시할 위험이 크다. 대형 사고로 이어질 우려가 있다. 감기를 건강의 신호로 생각한다면 소홀히 해서는 안 된다.

이쯤이면 감기도 쓸 만하지 않은가. 그런 에세이를 썼더니 친구의 주치의가 읽고 동감했다고 한다. 왠지 으쓱했다. 뭘 아는 의사다 싶어 기분이 좋았다.

의사도 감기를 잡지 못한다. 고칠 수 없다. 약도 듣지 않는다. 예방 따윈 생각도 하지 않는다. 감기는 위험한 병의 예보라고 생각하기 이전에, 감기 예방약이 있다면 얼마나 좋을까 하는 생각을 진지하게 했었다. 그런 약을 개발한다면 정말로 세상을 위하고 사람을 위하는 일이 될 테니 말이다. 다른 사람은 감기에 어떻게 대처하고 있을까.

어릴 적, 여름 햇볕에 그을려 새까매지면 겨울 감기에 걸리지 않는다고 들었는데 감기는 그 정도로 물러나지 않는다. 그뿐이랴, 햇볕에 그을리는 것이 좋지 않다는 말도 나오기 시작했다. 예를 들어, 결핵인 사람이 해수욕을 하면 악화된다는 것이다. 햇볕에 그을리는 것이 거의 유일한 감기 예방법이었기에 이 방법도 안 된다고 하니 망연자실이다.

나보다 꽤 위 연배의 대학교수는 아주 약해 보이는데 젊을 때부터 한 번도 감기에 걸린 적이 없다고 한다. 그 비결이 무어냐고 물으니 곁에 있던 그의 아내가 매일 속옷을 갈아입으면 된다고 했다. 어째서 청결한 속옷이 감기 예방이 되는지 잘 몰랐지만, 한참 후에야 속옷을 갈아입을 때 잠시나마 알몸이 되는데 그 덕분인가 싶었다. 나처럼 칠칠맞지 못한 사람은 쉽사리 흉내 내기도 어렵다.

(감기 예방법은 없을까?)

「주간신초」(일본의 출판사 신초샤가 발행하고 있는 주간지)에서 '찾는 것'이 있냐고 묻길래 딱히 찾는 건 없지만, '감기 예방법'이 알고 싶다고 썼다.

재미있는 게 없을까 내심 기대했는데 의외로 상식적인 답변이 와서 시시했다. 그중에 수세미로 몸을 문지르면 좋다는 내용이 있었다. 좋을 수도 있겠지만, 수세미 건조 마찰은 실행할 용기가 나지 않는다. 역시 감기 예방에 묘책은 없는 것일까.

소설가 시바 료타로 씨가 감기 연구의 대가임을 안 것은 이보다 상당히 오래전의 일이다. 시바 씨는 툭하면 감기에 걸려 이런저런 고민과 시도 끝에 한 가지 방법에 이른다. 머리에 수건을 있는 대로 동여매는 것이다. 오색 무늬 천을 동여매고 있는 듯하지만, 나는 그런 준비가 되어 있지 않으니 머플러를 있는 대로 머리에 칭칭 동여맨다. 이렇게 하고 자면 감기에 걸리지 않는다고 한다.

아내는 머리에 머플러를 칭칭 동여맨 모습이 목도

리도마뱀 같다고 놀려댔지만 감기 예방이라 생각하며 참는다. 이 방법이 효과가 있었는지 감기에 걸리는 횟수가 줄어든 듯하다. 목도리도마뱀은 옛날에 노인들이 잘 때 이불과 어깨 사이에 넣었던 솜옷의 업그레이드 버전이다.

운동하는 사람들은 감기에 자주 걸린다. 특히 여름 감기에 잘 걸린다. 땀을 흘려서가 아니라 땀이 날 때 열을 빼앗겨 체온이 떨어져서 그렇다. 운동하는 사람은 땀을 흘린 후에 반드시 속옷을 갈아입어야 한다.

감기에 걸리면 목욕하지 말라는 말을 앞에서 썼는데, 이것은 독일 의학에서 유래된 것이다. 일본은 전쟁 이전부터 쭉 독일 의학의 흐름을 받아들이고 있어 감기에 걸리면 목욕은 안 된다고 머릿속에 박혀 있었다.

여든을 넘기고부터 목욕이 감기에 나쁘기는커녕 예방에도 치료에도 좋다는 생각이 들기 시작했다. 감기는 영어로 'cold', 춥다는 말과 같다. 몸이 차가워져 감기에 걸린다는 점을 포착한 단어다. 몸을 데우는 것은 확실히 감기에 효과가 있다. 감기에 걸리면 열이 나는 것은 감기를 쫓아내기 위함이 아닐까. 독일 의학이 해열제로 체온을 내리는 것은 오히려 감기를 기세등등하게 만드는 셈이다. 체온을 높이는 갈근탕이 감기약으로 쓰이는 것은 몸을 따뜻하게 하기 때문이다. 몸을 따뜻하게 하려면 목욕 쪽이 훨씬 효과적이지 않을까. 아니, 당연히 그럴 것이다.

쭈뼛쭈뼛하면서 주치의에게 물었다.

"저기 저, 감기에 걸렸을 때 목욕해도 괜찮지 않나요?" 의사 선생은 친절하게 "괜찮습니다. 단, 나중에 몸이 차가워지지 않게 해주세요"라고 했다.

옳다구나 싶었다. 젊을 때부터 감기에 걸렸을 때는 목욕을 하지 않는 법이라고 굳게 믿었는데, 이젠 대놓고 목욕할 수 있게 되니 후련하다.

겨울이 되면 어쩌다 감기에 걸리거나 살짝 감기 기운이 있는 정도에 그쳐 의사 선생이 한 말을 시험해 볼 기회가 도통 없다. 아침에 일찍 일어나 감기 기운이 있다 싶으면, 점심을 먹고 한숨 돌린 다음 뜨끈한 탕 속에 몸을 담근다. 얼굴에서 땀이 날 정도로 탕 속에 있다가 몸을 씻고 다시 탕에 들어간다.

몸이 식기 전에 얼른 침대에 누워 정식으로 잠을 청

한다. 그 전에 가벼운 감기약을 먹는다. 감기약에는 대부분 가벼운 수면제가 들어 있어 푹 잘 수 있다. 1시간 정도면 눈이 떠진다. 그 개운함이야말로 비할 데가 없을 만큼 좋다. 며칠간의 감기 기운이 거짓처럼 가셨다.

처음에는 긴가민가했지만, 지금은 자신 있게 탕에 들어간다. 항상 결과는 좋다. 제대로 감기에 걸렸을 때도 유효한지 시험해 보고 싶은 생각도 들지만, 그런 감기는 걸리고 싶지 않다.

나는 누워서
생각하기로 했다

3장

마음을 풍요롭게 한다

Intellectual Lifestyle

인간은 생활로 완성된다

(지식을 위해 살지 마라)

현대사회는 지식을 신앙처럼 믿고 따른다. 지식을 얻기 위해서라면 어떠한 노력도 마다하지 않는다. 지식만 얻을 수 있다면 무엇이든 주저하지 않고 버린다.

학교는 지식을 부여하는 곳으로 사회에서 특별 취급을 받는다. 학교에서는 모든 것을 희생하고 지식 학습을 목표로 아침부터 귀가할 때까지 오로지 지식을 위한 공부만 가르친다.

점심 식사를 하더라도 이를 교육의 일환으로 가르치는 학교는 어디에도 없다. 아이들은 생활을 중단하고 학습에만 전력을 다할 것을 요구받는다. 꼴찌에게 그런 공부가 재미있을 리 없다. 가정에서도 학교에서도 아이다운 생활은 허락되지 않는다. 그것에 반발하여 비행을 저지르는 아이도 있다. 학교는 그런 아이를 '낙오자' 취급하면서도 그렇게 하는 것이 비인간적이라고 생각하지는 않는다. 근대 교육은 이러한 점을 반성하는 법이 없다.

러일전쟁 당시에 전쟁이 일어난 줄도 모르고 공부만 한 학자가 있었는데, 세상은 그를 두고 학문의 화신인 양 칭송했다. 상아탑에서는 그런 사람들이 학문을 지키는 것이라고 오해한다. 생활에서 멀리 떨어질수록 인간으로서 가치가 있다는 사고방식이다. 상아탑에는 생활이 없고 그저 지식의 잔해만 존재하고 있음을 계몽기 사회는 알지 못했다. 뒤처져 있었던 것이다.

밤샘 공부가 건강에 좋지 않고 비효율적이라는 점을 간과하고 오로지 미화하기만 한다. 젊은이들은 영문도 모른 채 필요도 없는 밤샘 공부를 하고 득의양양해 있는

데, 주위 사람들은 이를 나쁘다고 생각하지 않는다.

어른도 생활을 부정하는 것이 지적이라고 착각한다. 낮에는 빈둥거리다가 밤이 되면 책상에 앉아 원고지를 메우는 것을 대단한 일로 여기는 작가와 작가 지망생들이 있다. 이들이 병으로 쓰러지면 오히려 그것을 명예로운 훈장처럼 여기는 인식이 생겨났고, 애석하게도 이 때문에 재능을 잃는 사람이 생겨난다.

학문이나 예술에 뜻을 둔 사람들은 물질이나 돈을 생각하는 것이 불순하다는 통념에 사로잡혀 파멸형 인간을 미화한다. 그러니 문학청년들이 이슬만 먹고 살려고 한다. 견실한 생활을 하는 사람들은 속으로 문학청년들을 못마땅해하면서도 지식 신앙에 멈칫하여 그런 태도의 폐해까지는 지적하지 못한다.

인간은 지식을 위해 살아가는 것이 아니다. 더 잘 살아가기 위해 어느 정도의 지식과 기술이 필요할 뿐이다. 지식 추구, 지식 존중 사고에만 매달려 있으니 그것을 잊게 된다. 살아가기 위해 알아야 한다는 본질은 무시하고, 알기 위해 살아가는 게 수준 높은 것이라는 이상한 사고방식에 사로잡혀 그것이 죽음에 이르는 병이 된다는 사실도 알지 못한다.

　지식이 어떠한 도움이 되는지조차 생각하지 않는다. 지식은 원래 그리 고마운 것이 아니다. 아무리 지식이 많아도 충실한 인생이 보장되지는 않는다. 지식의 양적 가치는 별로 크지 않다. 아는 게 많으면 분명 편리하고 세상이 필요로 하겠지만, 본인이 훌륭하게 살아가는 데는 크게 도움되지 않는 경우가 많다. 만물박사라 불리는 사람은 어디에든 있지만, 인간은 사전으로서 가치 있는 것이 아니다. 인간은 살아있기에 가치가 있다.

　지식을 익히려면 기억력이 좋아야 한다. 지적인 엘리트는 모두 기억력의 수재다. 시시콜콜한 것까지 잊지 않고 기억하면 머리가 좋다고 칭찬받으니 기억력이 좋은 사람은 스스로 자부심을 품는다. 한편, 깡그리 잊어버리는 원숭이형 머리를 가진 사람은 무시당하고 스스로 자신감을 잃어 정말 바보처럼 되기도 한다. 기억력이 뛰어난 사람은 망각을 인정하지 않고 뭐든 똑같이 기억하는 것이 대단한 능력인 듯 자랑한다.

(인간은 생활에 뛰어나다)

지식 신앙에 허를 찌르는 게 등장했다. 바로 컴퓨터다. 20세기 중엽에 등장했지만, 벌써 반세기 이상 지난 지금도 우리는 컴퓨터가 인간에게 미치는 영향을 확실하게 자각하지 못하고 있다.

컴퓨터는 기억의 거인이다. 지식이나 정보를 수집하는 능력에서 인간은 그 발끝도 쫓아가지 못한다. 특히 지식을 기억하는 데 있어서는 문자 그대로 초인적 존재다. 아무리 기억력이 좋은 사람도 컴퓨터와 경쟁할 수는 없다.

지식적 인간은 당연히 충격을 받을 수밖에 없다. 그러나 알기만 하고 생각하지 못하는 컴퓨터형 인간은 느긋하게 반세기를 살아왔다. 심각한 취업난이 큰 사회문제로 대두되고 있는 요즘 시대에, 컴퓨터에게 일자리를 빼앗기고 있다는 인식이 없다는 게 신기할 따름이다.

지식 조각을 꾸역꾸역 밀어 넣기만 할 뿐, 제대로 일하지 않을뿐더러 노력도 하지 않는다. 그러니 불평불만이 뚝뚝 흐르는 학벌만 번지르르한 사람을 채용하기보다 컴퓨터를 도입하는 편이 합리적이다. 컴퓨터는 밤낮없이 일하고도 불평하지 않으며 임금 인상을 요구하지도 않는다. 복리 후생비도 필요 없고 연금을 적립할 필요도 없다. '사람보다 컴퓨터'라고 생각하는 게 당연하다. 기가 약한 경영자들이 그렇게까지는 생각하지 않아서 컴퓨터형 인간이 그나마 버티고 있다. 컴퓨터형 인간은 확실히 컴퓨터보다 비생산적이다.

일하는 사람이 생활에 마음을 빼앗기면 불순하다는 사고방식은 옛날부터 있었다. 하지만 그건 인간만 일할 수 있었을 때의 이야기다. 일 제일주의라면 생활은 사라진다. 예전에는 살아가는 자체가 일이라고 단정할 수 있었다.

컴퓨터가 등장하면서 상황이 크게 달라졌다. 인간이 아무리 일을 잘해도 밤낮없이 완벽하게 일하는 기계와는 적수가 되지 않음이 드디어 드러났다. 일 처리 능력만 따진다면 단순한 사무 처리에서 컴퓨터를 이길 사람은 없다고 봐도 좋다.

인간에게는 생활이 있다. 생활은 일이 아니지만, 인간이 살아가는 실체다. 컴퓨터에게는 생활이 없다. 인간은 그 어떤 것보다 생활에 뛰어나다. 그 점을 업신여기기라도 하듯 기계도 할 수 있는 일만을 위해 살아가는 것은 적어도 현대사회에서는 현명하지 않다.

근대 교육은 일 제일주의 사회에서 생겨났기에 기계적인 일을 위해 인간적 생활을 업신여기는 것을 오히려 자랑으로 삼았다. 일만 잘하면 인간으로서 부족해도 높이 평가한다. 이런 태도는 생활에서 멀어질수록 가치가 높다고 하는 전문 존중 사상으로 이어졌다. 한 가지 기예에 뛰어나면 인간으로서 결점이 있어도 '천재적'일 수 있다.

(지식도 생활의 일부다)

생활은 누구나 할 수 있는 것이라고 생각하면 무시하게 된다. 인간적 가치는 생활에서 생겨난다는 사고가 부정되고 있다. 일을 위해서라면 생활을 파괴해도 아름답다는 착각을 하는 것이다.

학교는 학생의 생활을 중단하고 지식을 주입하는

것을 교육이라 멋대로 정한다. 학교에서의 생활이라면 점심시간과 수업 사이 쉬는 시간 정도다. 방과 후 활동은 그나마 생활과 연결되어 있지만, 일반적으로 운동과 공부는 양립할 수 없다는 생각이 강하다. 학습은 원래 생활의 일부여야 하건만, 지식 신앙에 사로잡힌 사회에서는 학습을 생활과 분리해야 학습이 진전된다고 믿어 의심치 않는다.

컴퓨터 사회에서는 지식과 생활에 대한 기존의 사고방식이 통하지 않는다. 인간은 생활이 있기에 인간이며, 아무리 지식이 풍부해도 생활이 없는 사람은 인간으로서 가치가 낮다.

책을 읽어 지식을 늘리고 공부하는 행위 모두 생활의 일부다. 지식 자체는 무력하며 생활과 일 속에서 활용할 때 비로소 힘을 발휘한다. 생활이 결여된 지식형 인간은 지식을 제대로 활용하지 못하게 될 우려가 있다. 생활이야말로 지식 그 자체지만, 오랫동안 학교 교육을 받다 보면 지식을 위한 지식에 치우치는 경우가 적지 않다.

통학하지 않고 기숙사에서 공동생활을 경험하면 학교에서도 생활에 관해 배우는 부분이 많다. 영국의 명문

사립 중등학교인 퍼블릭 스쿨public school은 원칙적으로 전원이 기숙사 생활을 하며, 옥스퍼드대학과 캠브리지대학도 모두 기숙사 생활이 기본이다. 또한 퍼블릭 스쿨 전 단계인 프리페러토리 스쿨preparatory school도 부모와 떨어져 공동생활을 한다. 영국인이 관념이 아닌 경험을 중시하며 그로 인해 개성 있는 인재를 많이 배출하는 것도 이러한 학교생활과 무관하지 않다. 영국의 교육에는 생활이 있다. 또한, 스포츠를 학과만큼 중시하여 지식에 편중되지 않게 한다.

　　이것이 영국 중산층의 교육이다. 일본을 비롯한 다른 나라에서는 대부분 지식과 생활이 분리된 교육을 시행하고 있다. 그런 교육을 받은 사람이 생활을 경시하는 것은 어쩔 수 없지만, 생활과 동떨어진 지식이 인간에게 정말로 유용한지에 대해서는 반성해야 하지 않을까.

　　나는 중학교 시절 내내 교내 기숙사에서 보냈다. 그곳에서 생활에 관한 다양한 것들을 배웠다. 나이 먹어가면서 기숙사 생활이 나의 인격 형성에 지대한 영향을 끼쳤음을 자각하게 되었다. 그러자 교육에 대한 생각도 바뀌었다. 기숙사 생활만으로는 충분하지 않다는 생각도 들었다.

(생활과 지식을 연결해라)

학교를 졸업하고 일터에 발을 디디면 생활의 결여를 반성하고 있을 여유가 없다. 그저 근면하게 일하는 것이 충실한 생활이라 생각하기 쉬운데, 그렇게 되면 일에만 빠져 진짜 인간다움을 잃을 위험이 있다.

정년퇴직으로 그동안의 일이 없어지자 아무것도 할게 없다. 예전에는 유유자적 같은 말을 했지만, 생각해 보니 실업 상태나 다름없다. 그때까지는 일이 곧 생활이었기에 일이 없어지고 나니 생활도 사라진 듯했다. 살아갈 보람도 없이 무위의 날들을 보내다가 병마에 시달리기도 했다. 흔히 말하는 '짐 내려놓기 증후군'(쉴 틈도 없이 스트레스가 가득한 생활을 하던 사람이 그 짐에서 벗어났을 때 걸리는 우울증의 일종)이 아니다. 생활 자체를 잃고 생명력이 약해진 것이다.

지적 생활을 원한다면 사이가 나쁜 생활과 지식을 이을 궁리를 해야만 한다. 앞서 말했다시피 일 역시 생활과의 관계에서 삐걱거리는 경우가 많아, 다시 생활 속에서 일하거나 일 속에서 생활하려면 어떻게 해야 할지를 생각해야 한다. 조금이라도 지적인 일을 하고 있으면 실제 생활을 내모는 일이 많지만, 새로운 지적 생활을 발견할 필요가 있다.

　　그러려면 먼저 자신의 생활을 지적으로 한다. 그리고 지적인 것을 생활화한다. 지知와 생활을 융합하면 인간으로서의 가치는 월등히 높아진다. 옛날 사람들은 인생 후반에 세속과 인연을 끊고 출가했다. 출가한 사람이 어떤 삶의 방식을 취했는지 지금에야 알 길이 없지만, 생활을 정신적으로 승화시키는 삶을 살지 않았을까. 현대사회에서 형식상의 출가는 쉽지만, 지성으로 생활을 승화시키고 생활력으로 자신을 개성화하는 것은 불가능에 가깝다.

　　지금까지의 이야기는 대부분 지적 생활의 발견, 생활적 지성의 각성으로 모아진다. 지식과 생활이 서로 손을 맞잡을 수 있다면, 지금까지와는 다른 인생을 살 수 있다. 지적 생활 습관의 확립이야말로 그 구체적인 예다.

센류에 담긴 지성을 읽는다

(하이쿠를 만나다)

　　내가 태어난 미카와 만(灣) 옆의 가난한 땅은 문화 끝
자락에 자리한 곳으로, 문화라는 말조차 생소한 곳이었다.
근면성실하고 정직한 사람들은 그저 먹고사는 일에만 관
심이 있었다. 조금 여유가 생겼다 싶으면 노래나 한 곡조
뽑는 게 커다란 낙이었다. 영화는 아직 너무 고급이었다.
신문을 보는 집은 지주나 의사, 학교 선생 정도였다. 라디
오가 나온 지 10년도 넘었지만, 마을에서 라디오를 듣는

집은 손에 꼽았다.

　　우리 집은 마을 외곽의 100호 남짓한 집락 구석에 있었는데, 라디오를 틀자 사람들로 북적이기 시작했다. 집에서 300미터 정도 떨어진 정미소에서 전기를 끌어왔다. 처음에는 종일 전기가 흐르고 있었는데, 나중에는 야간에만 전기가 들어왔다. 저녁에 어두워지면 일제히 점등하고, 아침에 밝아지면 일제히 소등했다. 켜고 끄는 수고는 줄었지만 적적했다.

　　집에서 라디오를 켜게 되자 정미소로부터 전신주 세 개에 새로운 전선을 늘려서 받았다. 비용이야 얼마인가 들었겠지만 어렸을 때라 잘 모르겠다. 경사스럽게도 우리 집에 라디오가 울리기 시작한 날, 이웃 사람들이 다들 모여 처음으로 라디오를 들었다.

　　그런 곳이었으니 어른이 읽을 책이나 잡지가 있을 리 만무하다. 책이라면 아이들 학교 교과서 정도였고, 《소년구락부》 잡지가 있었지만 이 마을에서는 손에 넣을 수 없었다. 아마 잡지를 보던 사람이 없었을 것이다. 중학교는 멀리 떨어진 큰 마을에 있었지만, 문화 수준은 크게 다르지 않았다. 학교 공부는 마치 일상과는 다른 세계에 속한 듯했다.

그런 시골 중학생이었는데, 어느 날 오기하라 세이센스이(1884~1976)의 강연을 듣게 되었다. 오기하라 세이센스이는 유명한 하이쿠 시인이었지만 학생 중에 그의 이름을 아는 사람은 없었다. 우리 중학교 교장이 하이쿠를 짓는다는 사실도 학생들은 몰랐기 때문에, 오기하라 씨가 "여러분의 교장 선생님이 지은 시구 중에 '한 조각 구름이 태양을 만나 갯버들'이 있습니다……."라는 말을 듣고는 모두 놀라워했다. 나를 비롯한 학생들은 사람이 별로라며 교장을 싫어했는데, 하이쿠를 짓는다니 왠지 다르게 보였다.

그리고 수년 후 나는 도쿄고등사범학교의 학생이 되었다. 전쟁이 시작되기 직전이라 영문과에 입학하고 나서도 별로 성실하지 않았다. 병역 걱정에 마지못해 입학했다는 재수생이 많아 전체적으로 축축 처지는 분위기였다.

어느 날 쉬는 시간에 한 학생이 책상 사이를 지나며 중얼거렸다.

"이 사랑 이뤄지든 이뤄지지 않든 게거품."

그것을 듣고 '이 친구 하이쿠를 짓고 있구나' 하는 생각에 친해졌다. 그는 이세(일본 혼슈 미에현 동부에 있는 도시) 출신으로, 중학교 때 그 무렵 유명했던 하세가와 소세이 (1907~1946, 일본의 하이쿠 시인)에게 국어를 배웠다는 사실을 훨씬 나중에야 알았다. 그는 나에게 세시기歲時記(1년 중 철을 따라 행해지는 여러 가지 민속 행사나 풍물을 적어 풀이하여 놓은 책)를 사게 한 다음, 소세이의 하이쿠 시집 『삼십삼재三十三才』를 사게 했다. 다카하마 교시(1874~1959, 일본의 하이쿠 시인, 소설가)의 세시기는 지금도 책장 가운데 자리하고 있다.

가토 슈엔(1905~1993, 일본의 하이쿠 시인, 국문학자)이 학교 선배라 기숙사 응접실에서 하이쿠 모임이 열리고 있었다. 하이쿠를 짓고 있던 다른 동급생이 내게도 참가하자고 했지만, 주눅이 들어 이야기만 들었다. 그 친구가 지은 아래 시구가 슈엔에게 칭찬받은 것이 너무나 부러웠다.

"코스모스나 기숙사 페인트나 낡디낡았구나."

고등사법을 졸업하고 도쿄문리과대학에 입학한 후, 입대하여 하이쿠와는 거리가 먼 날들을 보냈다. 전쟁이 끝나고 대학으로 돌아와 맹렬히 영어 공부를 했다. 하루에 10시간은 영어 책을 읽었다. 그러던 어느 날, 친구가 위중한 결핵 선고를 받고 귀향하게 되었다며 작별 인사를 하러 왔다. 그 친구를 보내고 지은 이 시구를 지금도 기억하고 있다. 유일한 것이다.

"외투 뒤 터진 솔기와도 이별이구나."

입대한 지 5개월 만에 종전이 되었지만, 머리가 완전히 먹통이 되었다. 전에는 술술 읽었던 영문이 잘 이해가 되지 않았다. 이래서는 안 되겠다 싶어 일본어를 잊을 정도로 영어 책을 탐독했다.

(하이쿠의 변화)

1946년, 구와바라 다케오(1904~1988, 일본의 불문학자)가 하이쿠를 비판하는 「제2예술론– 현대 하이쿠에 관하여」를 발표하자 하이쿠계에 회오리바람이 몰아쳤다. 하이쿠의 근대성을 문제 삼은 이 논문은 영국 문예평론가 I·A 리처즈의 이론을 차용한 것이었지만, 당시에는 그 사실을 아는 사람이 없어서였는지 모두 구와바라의 독자적 비평이라 생각했다.

하이쿠 시인들은 보기 흉하게 허둥댔다. 그중에서 홀로 빛이 났던 사람은 다카하마 교시(1874~1959, 일본의 하이쿠 시인)로 "제2라도 아무튼 예술로서 인정받았으니 좋지 아니한가!"라는 말을 했다고 전해진다.

나는 하이쿠를 변호해야 할 필요를 느꼈다. 외국의 비평 방식에 따라 하이쿠를 부정하는 것을 가만히 보고만 있어서는 안 된다는 애국심이 꿈틀거렸다. 하이쿠를 짓기보다는 하이쿠의 시학詩學을 생각하여 하이쿠만의 독자성을 명확히 밝히고 싶었다.

그런 내용으로 짤막한 에세이를 몇 편 발표했더니, 이를 본 야마모토 겐키치(1907~1988, 일본의 평론가)가 이목을 끌 만큼 강하게 어필하라는 말을 전해 왔다. 그 무렵 야마모토 씨의 "하이쿠는 인사가 된다"라는 말에 감복했던 터라, 그의 격려가 무척이나 기뻤다.

얼마가 지나 하이쿠 세계에 이변이 일어났다. 하이쿠에 별로 관심을 보이지 않던 여성이 하이쿠를 짓기 시작한 것이다. 하이쿠 모임은 회원이 증가하며 날로 발전해 갔다. 나는 그때까지 하이쿠는 명사 중심의 시라고 생각했는데, 여류 하이쿠에서는 동사가 중요한 역할을 하여 의미적이라기보다 삽화적으로 변해 가고 있었다. 이런 변화를 느끼자 나는 하이쿠에서 조금 멀어졌다.

(하이쿠보다 센류)

하이쿠에서 멀어지려고 할 즈음, 센류와 연이 생겼다. 센류는 5·7·5의 3구 17음으로 된 짧은 시로 풍자나 익살이 특징인 일본의 서민문학인데, 센류 작가이자 전일본 센류협회 회장인 이마가와 란교 씨에게 연락이 와서 만나게 된 것이다. 만나서는 잡다한 이야기를 했다. 암을 수차례나 극복했다는 이야기가 흥미로웠지만, 중요한 이야기는 매듭짓지 못한 채 헤어졌다. 얼마 후 란교 씨가 여행지에서 지역 특산품을 몇 차례 보내왔다. 이를 계기로 다시 만나게 되었다.

란교 씨는 실은 상담하고 싶은 게 있다고 몹시 주저하며 말을 꺼냈다. 중고등학교 교과서에 센류를 넣고 싶다는 것이었다. 단가나 하이쿠는 교과서에서 빠지지 않지만, 센류를 실은 교과서는 없다. 어떻게든 센류를 교과서에 실어야 한다는 그의 말에는 신기한 힘이 있었다. 나는 이전부터 센류가 하이쿠보다 지적이며 그런 점에서 하이쿠는 센류에 미치지 못한다는 지론을 펼쳐 왔다. 분위기가 고조되어 이런 예를 들며 이야기를 나눴다.

"일어나서 봐도 누워서 봐도 모기장은 넓구나."

– 가가노 치요(1703~1775, 일본의 하이쿠 시인)

어디가 좋단 말인가. 박자가 맞지 않는다. 재치 없는 시구에 불쾌함이 앞선다. 이런 것을 명시인 양 구전해 온 것이 하이쿠의 불분명한 점이라고도 해도 좋다. 그 점에 있어, 이런 센류는 얼마나 유머 있고 경쾌한가.

"치요 씨 모기장이 넓으면 들어갈 텐가."

작가명이 없다는 점 또한 좋다. 작품에 일일이 작가명을 다는 것은 근대의 풍습이다. 이런 말들을 나눴지만, 란교 씨는 교과서 관련 일로 머리가 가득해 보였다.

(센류를 퍼뜨리자)

센류의 뛰어난 문예성을 내게 가르쳐 준 사람은 일본인이 아니다. 종전 후 얼마 되지 않은 무렵, 나는 영문과 학생이었지만 레지널드 브라이스 선생(영국 출신의 문학자, 일본 문화 연구자)의 강의를 들었다. 어느 날, 선생은 강의실에 들어와 "이 그림은 누구의 작품이냐?"라고 학생들에게 물었다. 서른 명쯤 되는 학생들 중 누구도 답을 하지 못했다. 그러자 선생은 도도하게 도슈사이 샤라쿠(에도시대의 우키요에 화가)에 관해 말하고는 학생들이 공부하지 않는다며 나무랐다. 일본 문화를 모른다고 영국인에게 힐책당하자 우리는 풀이 죽었다.

그 브라이스 선생이 어느 날 센류 이야기를 하는데 엄청 재미있는 게 아닌가. 선생의 하이쿠 연구가 대단하다는 사실은 학생들도 알고 있었지만, 센류까지 좋아하는지는 몰랐다. 브라이스 선생은 하이쿠는 외국에서도 주목받고 있지만 센류는 아직 아는 사람이 적다고 했다. 센류는 하이쿠보다 지적이니 하이쿠 이상으로 국제화하는 게 좋을 텐데, 그렇게 하지 않는 상황이 오히려 이상하다는 말까지 했다. 그 말이 줄곧 머리에서 떠나지 않았다.

란교 씨에게도 그런 말을 했다. 교과서 편집위원들은 대부분 고리타분해서 센류를 교재로 한다는 생각조차 하지 않았을 것이다. 차라리 센류를 국제화하는 편이 빠르다. 미국에서 영어 센류가 퍼지면, 일본인도 주목하면서 예전부터 중시하고 있었던 것처럼 말할 테니까. 적어도 화제는 될 것이다.

어찌 된 영문인지 란교 씨에게 영어로 된 센류 원고가 있다고 말했다. 그것을 미국에서 출간하면 어떻겠냐고 내가 물었다. 란교 씨는 기분이 고조되어 돌아갔고, 바로 일에 착수했다는 엽서를 보내왔다. 하지만 그는 3개월 후 불귀의 객이 되고 말았다.

나는 센류에 대해서는 거의 알지 못한다. 야나기다루柳多留(에도시대 후기의 센류집)를 비롯하여 고古센류라 일컫는 것들을 꽤 읽었지만, 제대로 마음먹고 읽지 않으면 도저히 안 된다는 사실을 깨닫고 나중에 시간이 나면 읽어야지 했다가 그만 나이를 먹고 말았다.

(도시의 시, 센류)

하지만 그 과정에서 예상외로 속담의 재미에 눈을 떴다. 어째서 센류가 속담이 되었을까 하고 꽤 진지하게 생각해 본 적이 있다. 하이쿠는 속담처럼 뒷맛이 없다. 사람들 입에 오르내린다는 점에서 센류 쪽이 하이쿠보다 우수하다고 여겼다.

　　몇 해 전 고교생에게 속담을 만들어 보라고 했더니, 국어 교사가 나타나 왜 터무니없는 것을 시키느냐고 아연실색했다. 하이쿠라면 초등학생도 때론 능숙한 시구를 만들 수 있다. 그에 비해 속담은 세련된 지성이 필요해서 대학생도 만들기 어렵다. "사공이 많으면 배가 산으로 간다"라는 속담을, 사공이 많이 있어야 배를 산으로 끌어올린다고 해석하는 대학생이 있는 시대다. 속담을 만드는 게 가능할 리 없다.

　　지금 고센류라 불리고 있는 것들이 그러하다. 메이지 시대 이후의 센류는 한층 알기 쉽고 명료하여 통속적인 대신 지적인 재미는 줄었다. 정치나 사회를 풍자하는 시사 센류, 일상을 비틀어 보이는 샐러리맨 센류 등은 확실히 하이쿠만큼의 재미는 없지만, 하이쿠가 하이카이렌가(전통적인 연시 렌가連歌의 형식을 살리면서 골계적인 말을 담은 시)로부터 많은 전통을 이어받았듯 고센류로부터 현대 센류를 부활시

킬 수 있으리라 생각한다.

　단가와 하이쿠에는 마사오카 시키(1867~1902, 하이쿠 시인)라는 천재가 있어 능숙하게 근대화에 성공했다. 그에 비해 센류는 마사오카 시키에 상당하는 거물 없이 근대를 맞이할 수밖에 없었다. 이것이 센류의 불행이라고 란교 씨는 한탄했다.

　하이쿠 시인은 일본문예가협회 회원으로 입회한 사람이 적지 않은데, 란교 씨의 표현으로 '류인柳人'은 한 사람도 없었다. 입회를 인정해 달라는 청원 끝에 겨우 소수의 센류 작가가 입회했다고 한다. 하이쿠 시인들의 반대가 있는 듯하다며 란교 씨는 괴로워했다. 설마, 하고 생각했지만, 만약 사실이라면 기가 막힐 노릇이다.

　하이쿠는 농경 사회에서 번성했다. 자연을 벗 삼아 화조풍월花鳥風月을 마주하고 생각을 읊는다. 남과 어울리기 싫어하는 성질이나 불쾌감이 느껴지더라도 어쩔 수 없다. 많은 하이쿠 시인이 인간사를 시로 짓다가 실패했다. 소설에 뜻을 뒀다가 이루지 못한 하이쿠 시인도 있다.

　센류는 도시의 시다. 에도에서 태어났다. 에도시대

중엽, 에도는 인구 수십만의 도시였다. 교양 있는 무사와 도시 서민의 세련된 말, 유머와 아이러니, 허를 찌르는 말, 풍자 등으로 인간과 사회를 그려냈다. 가장 늦게 등장했지만, 시로서 뒤처지지 않았다. 세련미로 보자면 가장 앞선 장르로, 하이쿠가 해외로 퍼지고 있는데 센류가 국제적으로 주목받지 못하는 게 이상할 정도다.

외국인에게 환영받지 않아도 상관없지만, 일본인의 지성을 나타내는 데 센류가 가장 적합하다고 생각한다. 이해하기 힘든 선禪이 서양에서 받아들여지고 있는 것을 보았을 때, 센류는 더 강한 자극을 부여할 수 있을 것이다.

지적이고 싶다면
문학을 버려라

(문학청년은 그만두는 게 답이다)

한때 미국의 지식인들 사이에서 유행한 말이 있다.

"시인이 되고 싶었으나 되지 못한 사람이 비평가가 되고, 그 비평가도 되지 못한 사람이 대학교수가 된다."

시인을 높이 평가한다기보다 대학교수를 무시한 말로, 비평가도 대학교수도 되지 못한 문학청년을 조롱하는 것이 요점이었을지도 모른다.

일본의 문학청년은 현실적이랄까, 소심하달까, 먹

고살기 어려운 시 쓰는 일을 업으로 삼는 것을 대단하게 여기면서도, 먹고살 길을 놓치지 않고자 취직을 목표로 삼는다. 잡지 편집자가 되길 가장 바라지만 문이 좁다. 그렇다면 대학이다. 무모하게 대학이 늘어난 것도 한 몫 거들어 대학에 가서 책이나 읽고 있으면 당장 먹고살 걱정은 없다. 문학청년이 안주할 곳은 대학이다.

대학교수는 어찌됐든 공부해야만 한다. 문학청년은 원래 문학서나 소설, 시는 읽지만, 연구서에는 약하다. 무리하여 딱딱한 책을 읽으면 머리도 딱딱해져 청년의 색도 바래건만, 입으로는 언제까지나 시의 마음을 잃지 않은 듯한 말투로 비문학 청년을 깔본다.

문학청년은 눈은 높고 손은 낮다. 스스로는 하지 못하는 주제에 남의 일에 재수 없는 소리나 해대며 잘난 척하고 그것을 비평이라 믿는다. 비판력이 부족하니 반성할 줄도 몰라 주위 사람에게 폐를 끼친다. 일반 기업에 그런 사람이 섞여 들어가면 분명 배제당할 것이다. 학교에서는 그럴 여지가 없으니 문학청년에게 이보다 더 편한 곳은 없다.

유유자적하다 보면 재능도 점점 메말라 간다. 교재

를 읽고 코멘트를 더하는 수업을 수십 년이나 계속하면 고목 그 자체가 되고 만다. 문학청년이었다가 영락해 버린 교수는 약속이나 한 듯 문학이 어학보다 수준 높다고 단정 짓는다. 문학을 모르는 사람은 이류이며 문법이나 어학은 이류 인간이 하는 것이라 굳게 믿는다. 나 역시 그런 문학 교육을 받아 문법이나 어학은 문학을 모르는 사람이 하는 것으로 생각했다.

학생 시절, 영어학자인 오쓰카 다카노부 박사가 이런 말을 했다. "젊을 때는 문학이 재미있지만, 나이 먹으면 어학이 재미있어진다." 나는 이 말에 깊은 감명을 받았는데, 나 스스로 문학청년에 만족할 수 없게 되었기 때문이 아닐까 싶다. 문학 공부는 학문이 되지 않는다. 언어학 공부가 학문에 가깝다고 생각했다. 그래서 문학청년을 도중 하차했다.

문학청년에게 시와 소설 중 어느 쪽이 뛰어난 장르냐고 물으면, 제대로 생각한 적도 없으면서 시가 소설보다 예술적으로 가치가 있다고 말한다. 역사적 지식에 눈이 멀어서다. 마찬가지로 운문과 산문 중 어느 쪽이 뛰어나냐고 물으면, 하나같이 운문이라고 답할 것이다. 이 역시 운문이 먼저 발달했다는 역사적 지식에 사로잡혀 오래된 것이 새로운 것보다 뛰어나다고 생각한 것에 지나지 않는다. 운문과 산문의 우열을 논한다는 자체가 애초에 이상한 일이다. 도토리와 모밀잣밤나무 열매 중 어느 쪽이 뛰어난지를 생각하는 편이 낫겠다.

　　문학청년은 이유 없이 산문을 폄하하는 주제에 스스로는 문학적·시적 산문을 쓰고 의기양양해한다. 문학적 산문이 순수 산문만 못하다는 성찰이 이루어지는 일도 거의 없다.

(문학이 아닌 산문을 쓰자)

　　대부분의 나라에서 문학사는 시가詩歌로 시작한다. 문헌학이 역사서를 넓은 의미의 문학에 넣게 되자, 시가가 산문보다 먼저 등장했다는 순서가 조금 모호해졌다. 순문학에 한정하여 말한다면, 시가는 산문이나 이야기보다 훨씬 이른 시기에 완성되었다. 산문이 확립된 것은 훨씬 후의 일이다.

셰익스피어는 현재도 영국 최고의 시인이자 극작가로 평가받고 있다. 특히 운문에서는 천재적이었는데, 산문은 극히 일부분만 시에 들어가 있는 정도로 드물었다. 운문에서는 최고의 경지에 이르렀지만, 솔직히 말해 산문은 운문만큼 자유자재로 다룬다고 보기는 어렵다. 젊은 시절에 쓴 희곡에는 산문 대사가 거의 없다. 이후 조금씩 늘어 산문을 자유롭게 쓰게 되었다.

영국에서는 17세기 중반에 접어들어 산문의 존재가 명확해졌다. 갓 창립한 왕립 협회의 최고 회원이었던 토머스 스프랫은 협회 회원에게 "정확한, 꾸미지 않은, 자연스러운, 명확하고 명쾌한 문장"을 요구했다. 즉 문학적, 시적, 장식적인 문장을 벗어난 산문을 쓰게 했다. 그것이 학술적 표현을 높이는 결과를 낳았다. 셰익스피어 사망 후 반세기 정도의 일이다.

그러나 영어는 문학적 표현에서 완전히 자유로워질 수 없었다. 20세기 중반까지도 비평가들은 '노래하는 듯한', '절규하는 듯한' 문장을 버리고 땅에 발을 디딘 현실감 있는 산문을 쓸 필요가 있음을 호소해야만 했다. 산문의 독립은 쉽지 않았다.

일본은 헤이안 시대에 산문이 등장했지만 당시 산문은 시문에 가까웠다. 미사여구를 남발하는 틀에 박힌 문장이 명문으로 인정받았다. 형식적으로는 산문이었지만, 실질적으로는 문학적 표현에 불과했다. 뛰어난 문장, 명문은 어느 정도 문학적이어야 한다는 상식은 계속 이어졌다.

전후 미국의 잡지 《리더스 다이제스트》가 일본판을 출간했을 때, 일본에서 번역을 맡았던 사람들은 미국 측으로부터 번역문의 문체에 관해 세세한 지시를 받았다. 앞서 영국 왕립 협회의 스트랫이 회원에게 산문적 문체를 요구했던 것과 일맥상통하는 부분이다. 일본어 문장이 알기 쉽고, 명료하고, 자유롭다는 특성을 부정할 수는 없지만, 그래도 충분히 산문적이지는 못하다.

(지적인 사람은 산문을 쓴다)

기노시타 고레오(1917~2014, 일본의 물리학자)의 책 『과학 글쓰기 핸드북』(2006, 사이언스북스)은 일본어 산문 확립에 크게 기여했다. 문과 사람들의 『문장독본』(2022, 미행)은 산문적이라고 하기에는 부족하다. 이러한 한계를 명확히 보여준 것이 물리학자가 쓴 『과학 글쓰기 핸드북』이다.

문학청년, 혹은 그 언저리의 교양을 익힌 사람이 일본어 산문을 쓰기란 쉽지 않다. 자연 과학자로서 쓰는 산문을 최초로 선보인 사람은 데라다 도라히코(1878~1935, 일본의 물리학자, 수필가)로, 이후 그 흐름을 이어받은 과학자들의 에세이가 널리 읽히게 되었다.

덧붙여 일본어의 논픽션 산문은 수필로 불려 왔다. 데라다 도라히코의 문장도 전쟁 전에는 수필이라 불렸다. 전후 지적인 산문을 의식하게 되자 에세이라는 명칭이 널리 퍼졌다. 수필이 다소 문예적이라면 에세이는 지적이다. 이러한 에세이가 발달하지 않은 것은 산문을 쓰기가 어렵기 때문이다.

노래하기가 어렵다고 해도 이야기하기나 말하기에 비하면 쉽다. 가수가 스타가 되는데 수년이 걸린다면, 라쿠고가(우스운 내용을 재미있게 이야기하는 일본 특유의 예능 라쿠고를 전문으로 하는 사람)는 신우치라고 불리는 비장의 최후 출연자가 되는데 그 몇 배의 시간이 걸린다. 라쿠고보다 스가타리(일본의 전통 악기인 사미센 반주 없이 창을 하는 것)나 스피치는 더 까다롭기에 일생을 바쳐도 제대로 하기 힘들다.

그래서 사람들은 강연보다 가요 듣기를 더 즐긴다. 시가 쪽이 산문보다 재미있다. 고등교육을 받은 사람 사이에서는 시가의 표현을 높이 평가하는 일이 일반적이다. 그런 사회에서는 산문의 발달이 늦어진다. 어느 나라에서든 산문 형태를 취하더라도 시적이고 정서적인 표현을 아름답게 느끼지만, 일본에서는 특히 두드러진다.

산문을 확립하기 위해서는 일부러 시가와 단절할 정도의 각오가 필요하다. 자연 과학자가 좋은 산문을 많이 쓰는 것도 문학에 간섭받을 일이 적기 때문이다. 단가나 하이쿠 잡지의 산문이 그다지 재미있지 않은 이유 역시 문학적이기 때문이다. 산문적 표현은 시시하다는 선입관에 사로잡혀서는 뜻을 알기 쉽고 명료한 문장을 쓸 수 없다. 가인歌人이나 하이쿠 시인이 아닌 사람이 '문학적'인 문장을 동경하는 것은 지성의 문제다.

사물을 생각할 때도 문학적이고 정서적인 말보다 산문적인 말이 뛰어남은 부정할 수 없다. 그런데도 여전히 문학적인 말에서 벗어나기를 두려워한다.

이미 반세기도 더 된 일이지만, 일본인 물리학자가 쓴 논문을 영어로 번역하던 앤서니 레릿이라는 물리학자가 "~일 것이다"라는 표현이 자주 나오는 점을 지적하며, 이 표현은 영어로 번역할 수 없다는 내용의 에세이를 학회지에 공표하여 학자들을 공분케 한 사건이 있었다. "~일 것이다"라는 표현은 미미하지만 산문의 어려움을 분명히 보여준다. 지적인 것은 산문적인 것에 가까움을 인정하는 태도가 사고력 있는 지성일지도 모른다.

지혜는
편지 한 줄에서 시작된다

(여전히 편지를 기다린다)

어제는 끝내 우편이 오지 않았다. 아침부터 몇 차례
나 우편함을 보러 갔는지 모른다. 그저께는 일요일이어서
우편배달이 없었다. 어제도 우편이 오지 않았으니 이틀 연
속이다. 세상이 깜깜해진 기분이다.

평소 집에 있을 때, 우편 오는 시간이 되면 안절부절
못한다. 글을 쓰고 있어도 기분이 흐트러진다. 현관 쪽에
서 "턱" 소리가 난다 싶으면 우편이다. 글을 쓰다가도 만사

제쳐두고 달려간다. 잘못 들을 때도 많지만 가끔은 우체부와 떡하니 마주치기도 한다. "수고 많으십니다"라고 말하면 우체부도 기뻐한다.

옛날 한 영국 소년이 장래 희망이 뭐냐는 질문에 "우체부"라고 답했다는 이야기를 듣고 깊은 친밀감이 들었다. 아마 우체부를 기다리는 사람들 틈에서 자랐을 것이다. 영국은 여지없이 세계에서 우편을 좋아하는 사람이 가장 많은 나라다.

그런 영국에서의 이야기다. 독립하여 부모와 따로 사는 외동아들이 가끔 부모를 찾아와 저녁을 먹고 돌아간다. 돌아간 아들은 그날 밤, 잠자리에 들기 전 부모에게 "오늘 저녁밥 참 맛있었어요. 조만간 또 찾아뵐게요"와 같은 편지를 쓴다. 부모 쪽도 지지 않는다. 부부가 따로따로 아들에게 편지를 쓴다. "잘 왔어. 정말 즐거웠어, 언제든 오렴"과 같은 내용이다. 나는 그 글을 읽고 말할 수 없는 아름다움을 느꼈다.

일본도 옛날에는 편지를 잘 쓰는 사람이 많았는데, 전화가 보급되고부터 편지 쓰는 일이 줄어들었다. 물건을 빌린 사람이 답례 편지도 보내지 않는다. 전화로 상대를 불러내어 말로 인사하는 게 얼마나 실례인지 아는 사람이 적다. 답례 편지도 쓰지 않을 정도니, 다른 사람에게 선물할 때 미리 안내 편지를 보내야 한다는 사실 또한 알지 못한다. 백화점 같은 곳에 부탁하여 택배로 보내 버리는 것이다. 옛날에는 안내 없이 온 선물은 받지 않는 게 상식이었다. 어떤 위험한 물건일지도 모른다는 경계도 있었다. 때론 정체를 알 수 없는 짐 때문에 사건이 벌어지기도 한다. 제대로 안내 편지를 보낸다면 사기나 사건 등에 휘말리는 일도 분명 줄어들 것이다.

나는 눈이 나빠서 글자 쓰는 게 자유롭지 못해 편지를 기다릴 수밖에 없다. 엽서는 정말 써야 할 때만 쓴다. 예전에는 거침없이 썼다. 당시에는 의식하지 못했지만, 엽서만 한 해에 800장 정도 썼던 것 같다. 우리 동네 우체국에서 엽서를 많이 써서 감탄했다며 일일국장을 시켜 줘서 한 턱 얻어먹은 적도 있다. 200매 묶음 엽서를 자주 샀더니 눈에 띄었던 모양이다.

(전화보단 엽서, 엽서보단 편지)

  예전의 나는 한결같이 엽서를 썼다. 엽서는 편지가 아니다. 봉투, 편지지, 우표를 갖춰야 시작할 수 있는 편지는 바쁠 때 불편하게 느껴진다. 엽서라면 절반의 수고면 된다. 하지만 손윗사람에게는 삼가야 한다. 엽서로 답례 인사를 보내는 것도 웬만큼 친한 사이가 아니면 실례다. 젊은 사람이 전화로 답례 인사하는 것도 바람직하지 않다. 학생들에게 이런 점을 주의시켰더니 "저 선생은 전화하면 화를 낸다"라는 소문이 퍼진 적도 있다. 덕분에 밤에 전화를 걸어오는 무례한 학생은 없어서 다행이다.

  전화는 편리하다고들 하지만, 그건 거는 쪽 입장이다. 받는 쪽에서 본다면 방해될 때가 많다. 부지런히 문장을 엮고 있는데 날카로운 벨 소리가 울린다. 그냥 두기 뭣해 수화기를 집어 들면 "납골당입니다" 같은 영업 전화가 대부분이다. 나야 언제 무덤에 들어가도 이상할 게 없는 나이지만, 그래도 그런 말은 재수 없다. 거칠게 수화기를 내려놓고 화를 삭인다. 늦은 밤 술에 취해 걸려 오는 전화는 애교다. 취해서 혀가 제대로 돌아가지 않는 탁한 음성으로 "○○ 있어? 얼른 바꿔!"라고 소리치는 사람에게는 "여기는 화장터입니다"라고 말한다. 상대가 놀라니까 재미있다. 내가 생각해 낸 아이디어가 아니다. 작가 우치다 햣켄의 수필에서 차용한 것이다.

　　젊은 사람들이 매일같이 서로 전화기를 붙들고 있다가 종종 다툼으로 번지는 모습도 재미있다. 기계 너머로 소통하니 인정이 닿지 않아 서로 상처가 되는 말을 쉽게 뱉기 때문일 것이다. 친한 사람과 편지로 다투기란 쉽지 않다. 전화는 다투는 데도 편리하다.

　　앞서 말했지만, 엽서는 편지와 다르다. 남이 볼 것을 각오해야 한다. 편지에는 비밀을 요구할 수 있지만, 엽서는 비밀을 지킬 수 없다. 그런데도 편지와 엽서를 통틀어 '편지'라고 하는 말투가 퍼져 있다. 적절하지 않다. 우체국도 명확히 구분하지 않는 것 같아 어쩐지 불안하다. 양쪽을 통틀어 쓸 말이 없으니 우편이라고 하는 수밖에 없다.

　　우체국은 매월 23일을 '서한書翰의 날'로 정했다. 넓게는 이메일까지 포함하는 듯하지만 '서한'이라는 말은 지나치게 낡았다. 이메일은 젊은이들이 쓰는 새로운 용어지만, 편지나 엽서 이외의 통신이라는 의미로 통한다. 엽서와 편지를 아우르는 새로운 말을 원한다. 그런 말이 등장할 때까지는 우편이라는 말을 참고 쓸 수밖에 없다.

(엽서가 이어준 인연들)

40여 년 전, 대학 분쟁으로 세상이 어수선하던 무렵의 일이다. 청소하다가 나온 쓰레기를 뒤뜰에서 태웠다(당시에는 위법이 아니었다). 밖으로 나가려고 이웃집 옆 골목길을 지나자 바람 빠진 빨간 풍선이 나뭇가지에 걸려 있었다. 별생각 없이 손에 쥐어 보니 작은 종이쪽지가 붙어 있었다. "1학년 2반, 스기타 히로토코, 학교 선생님이 되고 싶어요"라고 또박또박 적어 놓았다. 눈시울이 뜨거워졌다. 어린아이가 장래 희망을 쓴 풍선을 날리고, 그 풍선이 교직에 싫증이 나려고 하는 교사 집으로 날아든 우연이 신기했다. 조금 떨어진 곳에 있는 초등학교에서 개교기념일을 맞아 아이들이 풍선을 날렸던 모양이었다. 고무도장도 찍혀 있었다.

얼른 엽서를 썼다.

"학생의 풍선은 우리 집 정원으로 날아왔어요. 훌륭한 선생님이 되세요……."

내 이름과 주소를 함께 적어 보냈다. 답장이 올까? 초등학교 1학년한테는 무리일지도 모른다고 생각하다가 잊어버렸다. 답장은 오지 않았다.

정월에 받은 연하장 중에 아이 글씨의 연하장이 눈에 들어왔다. 어디 볼까, 스기타 히로코토였다.

"엽서 고맙습니다. 훌륭한 선생님이 되고 싶어요. 열심히 공부하겠습니다."

그로부터 해마다 여름에는 복중문안(일본에서 7월 20일부터 8월 8일 사이의 복중 기간에 평소에 잘 만나지 못하는 지인이나 손윗사람에게 보내는 인사장)을, 정월에는 연하장을 꼭 보내온다. 다른 때는 아무런 연락이 없다. 연중행사와도 같다. 나도 그때마다 답장을 쓰는데, 그것이 지금껏 이어지고 있다. 올해 연하장에는 "제 아이가 '풍선 소녀'였던 시절의 제 나이가 되었습니다"라고 쓰여 있었다. 이 사람과는 한 번도 만나지 않았다. 이대로 '엽서 친구'로 계속 남고 싶다. 내 평범한 인생에 사랑스러운 꽃을 안겨준 친구다.

하치오지에 사는 오오누키 이토 씨는 30년 가까이 내가 쓴 글을 읽고 엽서를 보내온다. 요네자와(일본 야마가타 현에 있는 도시) 출신 같은데, 내가 요네자와 지역신문에 쓴 칼럼의 독자다. 시골 신문이라 전혀 반향이 없지만, 오오누키 씨는 꼼꼼히 읽고 감상을 써서 보내 주는 고마운 사람이다. 오오누키 씨 덕분에 계속 쓸 수 있었다고 해도 과언이 아니다. 수신인의 글씨만 봐도 오오누키 씨임을 안다. 이런 편지를 보내오는 사람이 여럿 있어 은근히 매일 우편을 기다리게 된다.

요즘은 용건이 없으면 편지를 쓰지 않는 사람이 많아졌지만, 어느 날 오랜 벗으로부터 편지가 왔다.

"별일은 없지만 편지를 쓰네. 잘 지내는가? 요즘 나는 귀가 멀어 텔레비전을 잘 못 봐. 젊은이들한테 무시당하기 싫어 병원에 가서 보청기를 쓰기로 했어. 그건 상관없는데, 병원이 진찰료를 받아 챙기면서 자꾸 기구를 강매

하는 바람에 27만 엔짜리, 어디라더라, 아무튼 수입품을 떠안게 되었다네. 그런데 일주일 사용했더니 부서지더군. 병원에 가져가니 수입품은 잘 망가진다며, 일본 메이커는 돈이 안 되니까 다들 제조를 포기하는 바람에…… 어쩌고 저쩌고 하지 않겠나. 의사는 기구를 고쳤다고 하는 데 바로 못 쓰게 되었어. 부아가 나서 더는 병원에 가고 싶지 않다네. 그래서 일본의 늙은 장인들을 모아 우수한 보청기를 만드는 벤처기업을 세우면 어떨까 하는 생각을 해봤어. 내가 조금만 젊었더라도 창업을 했을 텐데 말이야. 젊은이들 눈치나 보며 연금이나 축내고 있는 생활은 아무런 보람이 없어. 실버 비즈니스로 세상을 깜짝 놀라게 하면 재미있지 않을까. 자네 생각은 어떤가……."

그는 반은 진심이었다. 병원에 단단히 화가 나 있는 듯 고소는 어떻게 해야 하는지 물으며 세상이 뒤숭숭하고 흉흉하다는 말도 쓰여 있었지만, 읽어 보니 그 친구는 여전히 건강한 것 같아 유쾌해졌다.

(편지에 생각을 펼친다)

옛날 사람들은 편지에 자신의 생각을 반쯤 공표하듯이 썼다. 이시가와 다쿠보쿠(1886~1912, 일본의 가인, 시인)는 장문의 편지를 쓴 것으로 유명한데, 지인에게 쓴 편지 속에 잡지 발간 계획에 관하여 자질구레한 부분까지 끝없이 썼다. 열의를 담은 명문이다. 종이 값과 인쇄비가 얼마이고, 정가를 얼마 받으면 몇 부에 흑자가 난다는 등을 쓴 글이지만 읽는 동안 저절로 공감하게 된다. 노래보다 재미있는 편지는 얼마든지 있다. 다쿠보쿠의 문장은 숨이 길어 200자 원고지 20장 정도의 장문 서간도 드물지 않다.

영국은 앞서 말했듯이 서간이 번성한 나라다. 뛰어난 문필가가 적지 않지만, 그중에서도 극작가 버나드 쇼는 편지를 많이 쓴 것으로 유명하다. 사망 당시 추모 글 중에 생애 2만여 통의 편지를 썼다는 기사가 있었다. 2만여 통을 60년에 걸쳐 썼다고 하면 1년에 300여 통, 하루 평균 1통 남짓이니 탄복하지 않을 수 없다.

버나드 쇼가 대단한 점은 쓴 편지의 양이 아니라 다

른 사람이 쓰지 않는 내용을 편지에 담았다는 것이다. 그
한 예로 "오늘은 피곤하다. 체력이 떨어져 편지가 길어졌
으니 양해해 달라"고 시작하는 편지가 있다. 피곤해서 편
지를 길게 쓸 수밖에 없다니. 보통은 피곤할 때 짧고 간단
하게 끝내지 않는가. 하지만 실제로 편지를 잘 쓰는 사람
은 짧고 요령 있게 마음에 와닿는 편지를 쓴다.

　　나쓰메 소세키(1987~1916, 일본의 작가, 평론가, 영문학자)가
어느 연말에 애제자인 데라다 도라히코에게 엽서를 썼다.
"정월 초하루에 사람들이 와서 모임을 하자네. 함께할 거
라면 점심에, 식사만 할 거라면 저녁에 와주게"(기억나는 대로
쓴 것이라 틀렸을지도 모른다). 신변에 불행한 일이 있어 상심에
빠져 있던 도라히코에게 이 엽서가 얼마나 반가웠을까. 소
세키는 훌륭한 편지 문필가였다. 소세키의 생각이나 사고
는 소설보다 지인에게 쓴 편지에 잘 나타나 있는 듯하다.

　　'세렌디피티'serendipity(완전한 우연으로부터 중대한 발견이나
발명이 이루어지는 것)라는 말은 원래 친구에게 쓴 편지에서 생
겨났다. 호레스 월폴(영국의 정치가, 소설가)은 18세기 영국의
귀족이었지만, 지금은 세렌디피티라는 말을 낳은 아버지

로서 알려져 있다. 논문이 아닌 친구에게 쓴 편지에 이런 말을 만들어서 적었는데 그것이 세계적으로 퍼졌다. 결과적으로 보면 편지는 새로운 아이디어를 공표하는 하나의 수단이었던 셈이다.

좋은 만년필을 써라

(내가 사랑한 만년필)

전쟁이 끝나고 얼마 지나지 않은 무렵에 펠리칸 만년필을 알게 되었다. 아직 외국제 만년필을 수중에 넣을 수 없던 시절이었다. 어느 날 이웃에서 친하게 지내는 K씨의 딸이 졸업논문 건으로 상담을 받으러 왔다. 어려운 영국 작가를 공부한다고 했다. "참고가 될 만한 책이 있으면 여기에 써주세요" 하며 노트와 본 적 없는 만년필을 건넸다. 놀라서 만년필을 잠시 넋을 잃고 바라보았다. 세관 직원에게 받았다고 했다. 그녀의 부친이 대장성(재정, 통화, 금융에 관한 일을 관장하는 일본의 행정 기관) 고관이었던 점도 한몫했을 것이다. 잠깐 써봤을 뿐인데도 감촉이 훌륭했다. 어떻게든 손에 넣으려 했으나 뜻대로 되지 않았다. 상당히 시간이 지난 후에야 겨우 마루젠(일본의 문구류 판매사)에서 구할 수 있었다.

그 무렵, 미국 주둔군에서 흘러나온 듯한 파카 만년필이 긴자 뒷골목에서 터무니없는 가격으로 암거래되고 있다는 소문이 있었다. 하지만 미국 만년필에는 애초에 전혀 흥미가 없었다. 나는 중학교 때부터 줄곧 일본제 파이롯트 만년필을 애용하고 있다. 그 외에 일본 브랜드인 세라 만년필이 있었지만, 외제품은 이미 자취를 감춘 지 오래였다. 펠리칸은 보물처럼 느껴져 한동안은 갖고 다니기만 할 뿐 파이롯트를 사용했다.

펠리칸은 가로쓰기에 적합하다. 아니, 이런 것에 감동하는 자체가 이상하다. 펜은 원래 가로문자를 쓰기 위해 만들어졌다. 가로문자의 기본은 세로선이다. 펜은 중앙에 갈라진 곳이 있어 세로선을 쓸 때 그곳이 벌어진다. 펠리칸은 그 벌어지는 형태가 예술이다. 즉 일본어 같은 세로쓰기에는 펠리칸뿐만 아니라 만년필 자체가 적합하지 않다. 세로쓰기 문자는 가로선이 기축이다. 가로쓰기용 만년필로 세로쓰기를 하는 것은 사리에 맞지 않는다.

언젠가 나쓰메 소세키가 애용했다고 하는 영국제 오노토 만년필 사진을 본 적이 있는데, 펜 끝의 오른쪽 절반이 닳아 있는 처참한 모습이었다. 일본 문자를 쓰면 소세키의 오노토가 아니더라도 당연히 오른쪽 절반이 닳는다. 그런데 불평도 하지 않고 애용했다니 이상하다. 지금도 사람들은 대부분 만년필이 일본어를 쓰는 데 적합하지 않음을 알지 못하고 있다.

(만년필에 중독되다)

펠리칸을 사용하기 시작한 지 몇 년인가 지나, 독일제 만년필인 몽블랑을 손에 넣었다. 그 무렵 글 쓰는 사람들 사이에서 몽블랑의 굵은 펜촉이 인기 있다는 가십에 넘어간 것 같다. 마침내 스위스제 까렌다쉬를 손에 넣자 날 아갈 것 같았다. 사용하지 않는 만년필이 몇 개나 있었지만, 아무튼 뿌듯했다. 만년필 병에 걸려 있었던 것이다.

한편으로 볼펜에도 열중했다. 종전 후 얼마 되지 않은 무렵 볼펜이 처음 출현했다. 초기 볼펜은 잉크가 심하게 샜지만, 급속히 진화했다. 연필보다 강한 필압이 필요해 팔이 아프다는 사람도 있었다. 그러나 힘을 세게 주고 쓰는 것 또한 독특한 자극인지라, 볼펜 전성시대가 10년 가까이 계속되었다. 만년필과 달리 볼펜 끝은 둥글다. 그래서 가로, 세로, 어느 방향이든 자유자재로 일본어를 쓰기에 만년필보다 낫다.

그래도 역시 만년필이라는 생각에 다시 펠리칸으로 돌아왔다. 그때부터는 망설임 없이 오로지 펠리칸이다. 이 당시 만년필은 대부분 잉크를 끼워 넣는 형식으로 바뀌었지만, 독일제는 지금까지도 잉크병에서 잉크를 빨아들이는 방식이다. 몽블랑의 굵은 펜촉을 사용하고 있던 무렵, 여행을 떠나기 전 몽블랑 두 개에 잉크를 가득 채워 가도, 여행지에서 잠깐 글을 정리하면 잉크가 떨어졌다. 펠리칸

은 그런 적이 없었지만 역시 잉크가 떨어지는 것을 걱정
해야 했다. 더구나 가까이에 있는 작은 문구점에는 펠리칸
전용 잉크가 없어 멀리까지 사러 가야만 했다. 성가셨지만
그만큼 애정도 각별했던 것 같다.

언젠가 4B연필을 받았다. 써보니 형언할 수 없을 만
큼 매끄러웠다. 하지만 스치면 글자가 번졌다. 화가 친구
에게 얘기했더니 데생에 뿌리는 스프레이가 있다고 했다.
정착제라나 뭐라나, 그것을 사용하면 좋다고 추천해 줬지
만 결국 시험할 일도 없이 끝났다. 4B연필은 지금도 신경
이 쓰인다.

한번은 신문사에 근무했던 S씨가 재미있는 게 있다
며 10B연필을 주었다. 4B로도 놀랄 정도인데 10B라니, 눈
이 휘둥그레졌다. 말할 수 없이 부드러운 감촉이었다. 책
상 위에 두고 있지만 쓸 일은 적다.

두 해 전, 출판사로부터 펠리칸을 기념으로 받았다.
지금까지 갖고 있던 것과는 다른 타입으로 필기감이 매우
우수하다. 한때 그 펠리칸을 보면 글이 쓰고 싶어 몸살이
날 지경이었다. 만년필 병은 낫지 않을 것 같다.

자신을 마주하기

　　내 목소리를 녹음한 테이프를 들었을 때의 놀라움
은 지금도 잊히지 않는다. 내 목소리가 아닌 것 같다고 말
했더니 다들 아주 똑같다고 하여 다시 한 번 놀랐다.

　　좌담회에서 나중에 속기사가 쓴 원고를 보니, 내가
이 정도로밖에 말하지 못했나 하는 생각에 창피하고 어이
가 없어 쥐구멍이라도 찾고 싶은 심정이었다. 더 수준 높
은 이야기를 하고 있었을 거라 믿었는데, 그 자만심이 무
너지면서 엄청난 충격을 받았다.

　　보통 자신에 대해 잘 안다고 생각하지만 이럴 때 그

착각이 깨어져 자기혐오에 빠져든다. 애초에 자기 자신을 잘 알고 있다는 생각 자체가 착각이다. 어느 정도 교육을 받으면 제 몫을 할 수 있을 거라 생각하기 쉽지만, 교육으로 얻은 지식은 전부 단편적인 지식에 불과하다. 머리에 집어넣고 안심하고 있을 뿐이다.

나는 어떤 사람인가, 라고 자문하는 것은 흔한 일이 아니다. 주위가 모두 자기 자신을 성찰하지 않으니까, 그렇게 두려울 만치 무지하니까 태연한 얼굴을 할 수 있다. 만일 스스로를 알지 못해 고민에 빠진 사람이 있다면, 그 사람은 예외다. 한 번도 자신을 의심하지 않고 평생을 살아가는 사람이 지극히 많다. 그런 무지 때문에 오히려 행복하게 살아갈 수 있는 것이다.

자기 목소리가 녹음된 테이프를 듣든지, 이상하게 찍힌 자신의 사진과 마주하든지, 사소한 계기로 자신이 알지 못하는 자신의 어떤 면을 알게 되면 생활은 변화하기 시작한다. 꽤 박식하다고 생각했는데 자신에 관해서는 완전히 무지하다. 이는 상당한 발견이다. 그다지 유쾌하지 않은 발견이지만, 거기에는 새로운 것을 창출하는 에너지가 숨겨져 있다.

이러한 발견이 지知의 시작이며 발견의 순간이 모여 지적 생활이 된다. 책을 읽으면 지적으로 살 수 있으리라는 생각은 순진한 지식 신앙이다. 그런 지식은 유효기간이 짧아서 중년이 지나면 쓰레기가 된다. 쓰레기는 진보를 방해하므로 폐기해야만 한다. 머릿속 쓰레기를 배출하는 데 가장 든든한 내 편이 바로 망각이라는 깨달음까지 오면 성공한 것이다. 나이를 먹어 잘 잊어버리게 되었다고 한탄할 필요 없다. 오히려 날마다 새롭게 전진한다고 생각하자. 노년이 와도 두려울 것 없다고 마음먹으면 인생은 밝고 즐거워진다.

나는 이렇게 생각하는 태도가 지적 생활이라고 믿지만, 남에게 밀어붙일 생각은 추호도 없다. 권유할 생각도 없다. 한 사람의 마음에라도 우직하게 머물러 줬으면 하는 바람을 숨김없이 드러냈다. 미흡하나마 타산지석으로 생각해 준다면 저자로서 더없이 기쁘겠다.

나는 누워서

생각하기로 했다

나는 누워서 생각하기로 했다

초판 1쇄 발행 2025년 6월 11일

지은이 도야마 시게히코
옮긴이 장은주
펴낸이 김선준

편집이사 서선행
책임편집 천혜진 **편집1팀** 이주영
디자인 김세민
마케팅팀 권두리, 이진규, 신동빈
홍보팀 조아란, 장태수, 이은정, 권희, 박미정, 조문정, 이건희, 박지훈, 송수연, 김수빈
경영지원 송현주, 윤이경, 임해랑, 정수연

펴낸곳 ㈜콘텐츠그룹 포레스트 **출판등록** 2021년 4월 16일 제2021 - 000079호
주소 서울시 영등포구 여의대로 108 파크원타워1 28층
전화 02)332 - 5855 **팩스** 070)4170 - 4865
홈페이지 www.forestbooks.co.kr
종이 ㈜월드페이퍼 **출력·인쇄·후가공·제본** 한영문화사

ISBN 979-11-94530-43-5 (03190)